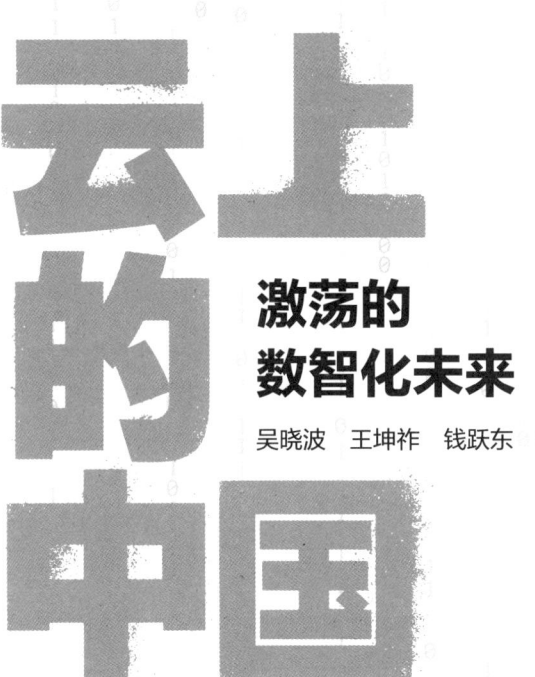

云上的中国

激荡的数智化未来

吴晓波 王坤祚 钱跃东 著

中信出版集团 | 北京

图书在版编目（CIP）数据

云上的中国：激荡的数智化未来 / 吴晓波, 王坤祎, 钱跃东著. -- 北京：中信出版社, 2021.4
ISBN 978-7-5217-2858-3

Ⅰ.①云… Ⅱ.①吴…②王…③钱… Ⅲ.①互联网络—产业发展—研究—中国 Ⅳ.①F492

中国版本图书馆CIP数据核字（2021）第039726号

云上的中国：激荡的数智化未来

著　者：吴晓波　王坤祎　钱跃东
出版发行：中信出版集团股份有限公司
　　　　　（北京市朝阳区惠新东街甲4号富盛大厦2座　邮编　100029）
承　印　者：天津丰富彩艺印刷有限公司

开　　本：787mm×1092mm　1/16　　印　张：19　　字　数：255千字
版　　次：2021年4月第1版　　　　　　印　次：2021年4月第1次印刷
书　　号：ISBN 978-7-5217-2858-3
定　　价：78.00元

版权所有·侵权必究
如有印刷、装订问题，本公司负责调换。
服务热线：400-600-8099
投稿邮箱：author@citicpub.com

目录 | CONTENTS

序言 / 期待在云上的中国，遇见你   III

01 商业的本质变了吗   001

第一章 产品智能化，让产品更懂我   007
双循环下的国货自信：波司登抵御寒冬的新战袍   008
数智化升级：红蜻蜓换上"新翅膀"   020
深圳台电：联合国的"沟通"之道   029

第二章 服务智能化，让运营变得场景化   039
云上丝绸之路：智慧化的西部机场   040
一路领"鲜"：百年光明新征程   046
晴空一"鹤"排"云"上：以数为翅的中国飞鹤   054
科技赋能新保险：中华财险的数字化转型   066

02 云上的中国智造   075

第三章 从农场到餐桌的数字化搬运工   083
流水线上的农民：我在工厂种蔬菜   084
一颗汉源花椒的数字化之旅   095
蒙牛智慧牧场：最新鲜的牛奶来源于"数字牛"   104

第四章　大国重器，走向中国制造 2025　　117

钢铁是怎样用"数据"炼成的：攀钢的转型之路　　118

德龙钢铁大脑：更锐的眼，更快的脑　　137

为了沙漠中的奋进者："视人为人"的陕煤曹家滩智慧矿区　　146

东华水泥工业大脑："AI 师傅"的大本领　　154

以一带千，集群"智"造：德恩云造的产业互联网探索　　164

03　人民需要什么样的城市　　175

第五章　数字中国，让生活更美好　　181

数字中国的浙江窗口　　182

智慧旅游：识得庐山真面目　　200

峨眉山上第三朵云：人在游，数在转，云在算　　208

第六章　数据赋能传统基建，智慧改变交通出行　　213

成都绕城高速：我有一双"慧眼"　　214

成都 TOCC：让堵城不再"成堵"　　226

北京公交：全国最复杂的刷码乘车业务上线　　238

第七章　数字时代人才紧缺，新基建赋能教育在线升级　　245

让知识跑在线上：疫情加速教育上云　　246

未来高校新基建：浙江大学的云上实践　　254

结语　全速重构，数智未来　　265

巅峰对话　吴晓波 × 张建锋对谈实录　　271

序言 | PREFACE

期待在云上的中国，遇见你

—

2018年的最后一天，我参加浙江卫视的知识跨年秀，与我同台的嘉宾中，有一位是阿里巴巴的王坚博士。在演讲中，他提了一个问题："地球上最远的距离，是从哪里到哪里？"

这位脑子运转得比语速更快的心理学博士的答案很有趣："不是从南极到北极，而是从红绿灯到交通摄像头的距离。"

这两个设备在同一根杆子上，然而，很多年来却形同陌路，互不相干。如果把它们连接起来，会产生怎样的效果呢？2016年，中国的第一个城市交通大脑，就是在这个好奇心下被激发出来的。

在阿里云团队的协助下，杭州市开始在全市的100多个十字路口展开试验，交通数据被抓取出来，输送到一个中台，然后成为新的动态指挥系统。一年多以后，杭州的交通状况大为改善，在全国百城拥堵的排行榜上，排名由第2位迅速下降到第17位。

四川大凉山,攀钢集团的西昌钢钒钢铁厂,吴晓波(左)在调研"钢铁大脑"项目

二

2020年10月,为了拍摄《云上的中国》(本书同名纪录片),我去了一趟四川的大凉山。

在那里,攀钢投资300多亿元建了一座年产440万~450万吨的大型钢厂西昌钢钒。2018年,一位阿里巴巴的人跑去说,我们帮你们建一个"钢铁大脑"吧。

攀钢董事长段向东对我说:"那时我真的挺惊讶,马云不是卖百货的吗,他懂炼钢吗?"阿里开了1000多万元的合作费,段向东当然不肯出。阿里说,那么这样吧,我们先做,以后你们看着给。

阿里派出了一支10多人的专家团队,由一位麻省理工学院出身的博士带队,在大凉山扎点干了一年多。到我去的时候,有两个项目已经交付了,一个是炼钢炉的铁水和合金添加,一个是钢板表面检测。在人工智能和大数据的支撑下,攀钢仅这两项改造,一年就可以节省数千万元。

三

我还去了江苏常州的波司登。

这是一家创业于1976年的羽绒服生产企业,将近70岁的创始人高德康也许看不懂代码,但是他本能地意识到信息革命的重要性。从2014年开始,波司登进行信息化改造,第一个工程是建立门店的进销存数据化系统,

序言

西昌钢钒的第一个钢铁大脑叫"AI炼钢",这个"大脑"将人工经验转化成大数据,用电脑代替人脑,计算和监控钢铁来料配比。看不见摸不着的数据转化成了实实在在的经济效益

第二个钢铁大脑"智慧表检",用电脑代替肉眼,自动生成钢板表面缺陷检测报告。在没有这个"大脑"以前,质检工人需要长时间站在快速移动的钢板面前,用肉眼检测缺陷,眼睛和关节都饱受摧残

打通之后,进行生产线的全面改造,再接着是建立物流智能化系统。在物流中心,我们看到,一个可存储300万件服装的大仓储中心,现在的用工已经不到100人,不久前还用上了仓储机器人,把铲车班组也取消了。

我去调研的时候,在数据中心碰到十几位正在现场工作的阿里云的年轻研究员,他们与波司登的技术人员一起,正在把各个业务端口的数据进行中台整合。到2021年1月,随着数据中台的建成,波司登成为中国服装业中第一个完成了全面智能化改造的制造企业。

波司登的智能化生产线

今天,当你走进波司登的任何一家零售门店,试穿到心仪的款式却没有合适的尺码,波司登的智能调货系统都可以在 24 小时内完成调货,将货品配送上门。支撑这一速度的,正是波司登的智能化仓储与物流系统

四

今天，呈现在你面前的这本《云上的中国》，是吴晓波频道与阿里云合作的一个成果。在 2020 年的下半年，我们派出了一支摄制团队和两位研究员，分赴全国的 20 多个地方，进行了深入一线的主题调研。

为了呈现智能化对当今中国的渗透和改造，我们既选择了像攀钢、波司登这样的传统制造业，也进入了寿光蔬菜市场、义乌小商品市场等大型流通市场，既调研了传统金融机构，更奔赴"城市大脑"、高速公路、气象分析等多个公共治理领域。我们试图透过制造业、服务业和公共服务设施等多个视角，发现一个全新的"云上的中国"。

实践永远奔跑在理论之前，它不尽完善但足够新鲜欲滴。

这是一本进行时的观察记录，我们用案例勾勒变革的生动和激烈。书中涉及的很多项目还没有结束，有的甚至才刚刚拉开序幕。然而，我们的所见所闻，已足以令人激动不已。在中国这个全球第一制造业大国和拥有最多百万级以上人口城市的国家，智能化正在让每一个经济和社会细胞产生空前的活跃度和新的效率可能性。

更关键的是，正在发生的变革是非线性的，它将让所有的坚硬烟消云散，让先行的冒险者有弯道穿越的机会。

我们常常说，中国是被互联网改变得最为彻底的国家，在过去 20 多年里，一代互联网人改变了我们跟信息、购物、服务和金融的关系，但是，这

1

2

1
在拥有"牧场大脑"的蒙牛,蓝色的智能脖环已经成为每一头"数字牛"的标配,它能够精准定位每一头牛,并随时监测奶牛的发情与疾病情况

2
寿光蔬菜工厂一改人们对蔬菜大棚泥泞、混乱的印象,颇有科幻片的即视感。这里的农民在流水线上种菜,机械手负责选苗与育苗

都是消费互联网意义上的改变。在今天,透过我们的摄像头和文字,你会发现,从工厂到城市,产业互联网的浪潮已经汹涌地席卷而来。

在浙江大数据局调研时,一位副局长颇为感慨地对我说:"过去改革靠文件,现在改革靠软件。过去办事看脸面,现在办事看界面。"

技术的不可逆,让组织和社会变革进入了一个更为快捷的赛道。

五

2015年,阿里巴巴举办第一届云栖大会,它后来成为中国最重要的云计算和大数据论坛。就是在那次大会上,马云提出"数据将替代石油,成为下一个世代的核心资源"。

他说:"未来的数据就是生产资料,未来的生产力就是计算能力和创业者的创新能力、企业家精神,有了计算能力、数据,人类会发生天翻地覆的变化。"

现在看来,这是一个看见了未来的预见,它与每一个生活在当代的人、企业和国家相关,它正在真实地发生。

不过,数据与石油有一个非常大的区别:石油是静止的,有产能极限,有量化边界,而大数据是熵减的,是边缘化和无法穷尽的。

在与阿里云掌门人行癫[①]的交流中，他的一段表述给了我很大的启发。行癫认为，数据的价值在于应用，任何一个企业和行业的产业互联网解决方案都不可能是现成的，它是一个互生和持续迭代的过程。

我们在调研中也清楚地看到，无论是西昌钢钒还是波司登，它们的智能化方案都是行业专家与阿里云科技人员共同参与、磨合的结果，在这一磨合的过程中不可避免地会产生摩擦和冲突，而这天然地属于进步的一部分。

就如同我们无从购买一个"人生方案"一样，每一家企业、每一座城市的"云上之路"都在自己的脚下。

只是从今天起，我们必须奔跑上路，必须全力向前，唯有如此，我们才能见到一个前所未见的未来。

期待在云上的中国，遇见你。

吴晓波

2021年1月于杭州白沙泉

[①] 张建锋，花名行癫，现任阿里云智能总裁、达摩院院长。

01

商业的本质变了吗

最近几年,"数字化转型"一直是商业热词。然而对很多企业来说,"观望心态"是一个问题,"怎么转"又是一个问题。直到疫情突发,给所有人上了一课。

2020年新年的景象,让很多人记忆深刻。云拜年、云上课、云办公、云购物、云监工(火神山医院)……即使宅在家中,也能"云"上生活。此外,在疫情排查上报、应急物资调配等多个防疫场景下,数字化技术也从始至终发挥着坚实作用。

人们突然发现,数字化技术不仅让疫情防控更快迎来曙光,也让自己的生活和工作方式迅速改写。

如阿里云智能总裁、达摩院院长张建锋所言,2020年是数字化转型的普及年。"以前大家都听说过云计算、大数据,但实际上很多人不知道它们能干什么。今年抗击疫情,给全社会进行了一次普及,大家真正知道了数字化跟我们的生活息息相关。"

经此一"疫",中国各行业对"数字化"的认识来了一个大转弯。数字化转型从"可选项",变成了商业竞争的一道"必答题"。

当转型步入快车道并逐渐发展成商业潮流时,也有人仍然有疑问:他们在谈论"数字化"时,到底在谈论什么?从工业经济时代到数字经济时代,商业发生变化了吗?"数字化"能带来变化吗?

事实上,自从商业诞生,到现在,再到未来,其本质都不会变:第一，好的产品和服务；第二，成本低、效率高；第三，传播准、快、广。在这一篇章，你可以通过一些转型"行动派"的故事看到，生产、组织、运营、营销的数字化让这三件事情变得更好，让商业更有智慧。

*

尽管商业的"质"并未改变，却有一个显著的"量"的变化——消费者变了。90后、00后正在以日益长大的人群规模，接棒成为贡献消费的主力人群。我们看到，年轻人成为各商业品牌的迎合对象，年轻态成为消费发展的趋势。各种调研数据都在表明，接下来的10年，中国3亿多新中产、3亿多"Z世代"[①]，将推动全球最大的一波消费升级浪潮。

随之而来的另一个变化，是"消费者主权"崛起。这是一个霸气的经济学词汇，与我们常听到的"顾客就是上帝"意思差不多，其对立面是生产者主权。在工业时代，企业"以产定销"，先把产品生产出来，再通过营销手段和渠道推给消费者。在交通、信息没有今天发达，商品供小于求的情况下，消费者只能"有什么买什么"，被动接受商品，主权无从谈起。

---

① Z世代：流行用语，意指在1995—2009年间出生的人，又称网络世代。

随着商品供给的日益丰富乃至走向产能过剩，以及计算机、移动互联网的普及，消费者开始有了多种选择，消费需求逐渐呈现出多元化、细分化、个性化等特点。这意味着消费者主权的崛起。此时，如果企业仍然以生产为导向，生产出的不一定是能在市场流通的商品，也许会成为恼人的库存。

当消费者主权不断崛起的时候，企业比拼的是谁能真正地走向消费者，谁能对消费者需求做出快速响应。所谓商业智能，就是对用户需求实时感知、高效响应的能力。

在我们看来，企业应对消费者主权崛起，可以根据实际情况"两步走"，或者"二选一"。一种是通过信息化、IoT（物联网）化、中台化等改造手段，构建起一套数字基础设施，把业务数据化，更了解用户，用高精度的数据来指引业务，而非传统上的依赖个人经验。是为"数字化"。

另一种则更进一步，是为"数智化"。它不是单纯的IT（信息技术）系统更新，不是纯技术变革，而是技术、业务、管理、文化的全面变革：以消费者运营为核心，上云—用数—赋智，实现消费端与供给端全要素、全场景、全生命周期的数据智能（数据业务化），建立企业智能运营和决策体系，持续推动企业产品创新、业务创新、组织创新，构建强大的新竞争优势。[1]

---

[1]《转型之路：从数字化到数智化》，安筱鹏、宋斐，阿里研究院。

麻省理工学院教授乔治·韦斯特曼有一句话流传很广：成功的数字化变革就像毛毛虫蜕变成美丽的蝴蝶，而一旦数字化变革失败，你所拥有的仅是一条爬得快的毛毛虫。

变与不变，由你选。

第一章

产品智能化,让产品更懂我

双循环下的国货自信：
波司登抵御寒冬的新战袍

波司登的数智化转型有两个关键点：一是一把手有变革的决心和毅力，企业转型不断迭代，数字化能够长久坚持；二是在与合作伙伴的密切协作中采用了科学的步骤和方法。

传统企业的经营和运作，大多是围绕产品而展开的，而波司登数智化转型的中轴是消费者，其经营运作以消费者为中心去展开。通过不断增强对消费者需求的感知、分析和预判能力，波司登的经营重心向企业营销、品牌、分销、新品、制造多个环节迁移，形成基于消费者洞察的研发生产、渠道管理、数字化营销和物流配送体系，实现了全链路业务的数智化转型。

——王刊良/中国人民大学商学院教授

2020年"双11"次日,波司登发布战报:销售额逾15亿元,羽绒服线上零售金额同比上涨35%;天猫旗舰店8分钟销售额破亿元,蝉联"双11"天猫品牌服饰行业销售第二名、中国服饰品牌销售第一名。同时,波司登在天猫服饰商家自播排名中获得全服饰行业第一。

比1978年改革开放还早两年诞生的波司登,是具有高关注度的国民品牌。通过数智化转型,波司登实现了将情怀与流量"变现",在年轻化、专业化、高端化的道路上一路奔跑。

近年来,服装和传统零售被视作两个入冬的行业,但显然,波司登早已准备好御寒的"新战袍"。

44年,"羽王"登顶

在接受采访的时候,如果没被问到早年的创业故事,高德康会主动加上。

他说:"如果你不知道我是怎么开始创业的,恐怕也不能理解后面的事情。"

高德康出身于江苏常熟的一个裁缝世家,祖孙三代都和剪刀、布料打交道。

1975年夏,在上海石库门,高德康为一位教授上门做衣服。在他们家的报纸上,他看到了一篇中国登山队登顶珠峰的新闻,第一次知道了"羽绒服"的存在。

命运就是这样,总会将一些美丽的玻璃球,藏在人生旅程沿途的石砾里。

显然,高德康看到了缝隙里透来的光。

次年秋,有8台缝纫机、11个员工的高德康正式创业。他蹬着一

吴晓波（左）与高德康（右）：接受采访时，高德康戴着墨镜、骑着摩托车而来，心态很是年轻，一家企业的精神仿佛能在掌舵人身上窥得，波司登这家传统企业也正走在数字商业时代的前沿

辆"永久"自行车，往返于常熟山泾村和上海市区单程 100 多公里的路上，买原料与送货。

接下来的 10 多年，从小作坊的散单，到代工，再到贴牌、联营，他慢慢摸透了从生产、营销到供应链的操作，以及羽绒服怎样选产品料和填充料，怎样才能更蓬松、不跑毛。

1992 年，"波司登"品牌正式注册。

到了 2006 年前后的高峰时期，全球有三分之一的羽绒服由波司登制造，一时被誉为中国"羽王"。

波司登此前的商标是一双翅膀，在快速扩张的发展过程中，也曾遭遇过几近"折翼"的时刻。

有一次来自东北市场——1994 年，在东北市场的 23 万件羽绒服只卖出去 8 万件。翻看账簿，积压货款 2000 多万元，欠银行贷款 800 多万元，高德康急得"常常在睡梦中惊醒"，一夜白头。

另一次则因为整体大环境——伴随国内原料、人工与租金成本的上涨，许多本土服装品牌一直紧绷的那根利润之弦，频频发出断裂的声音。在波司登2013/2014年财报里，营业收入跌至62.5亿元，利润降到了1.9亿元的冰点。

过去10多年里，波司登曾因大肆拓展业务导致业绩持续下滑，也为如今的转型埋下了伏笔。

数次危机之中，高得康都敏锐找到问题所在，以壮士断腕的魄力展开变革，改设计版型，关低效门店，朝着高品质专业羽绒服的主方向前进。

快速成长的波司登，迎来了属于它的时代：助力中国登山队登顶珠峰，随"雪龙号"科考船远赴南极，甚至在伦敦最繁华的南莫尔顿街道买下物业，设立首个海外旗舰店。

2016年9月，波司登与华特迪士尼合作，推出的联名系列羽绒服成为市场爆款。随后，与漫威、星战与NASA（美国国家航空航天局）的联名款也相继推出，大受好评。

多年间，与波司登合作过的设计师之中，不乏高缇耶、高田贤三等"殿堂级"人物。

凭借出色的设计，2018年至2020年，国际四大时装周（纽约、伦敦、巴黎、米兰时装周），波司登作为羽绒服行业的"课代表"，拿下了三个。

这个从小镇缝纫机上，一脚一脚踩出来的中国品牌，终于攀至珠峰之顶，也抵达了世界舞台。

与波司登合作过的设计大师让-保罗·高缇耶（上）与高田贤三（中）
波司登与高田贤三的联合设计款秀场（下）

第一章　产品智能化，让产品更懂我

以"国潮"抵御市场浪潮

如果画一张波司登44年的公司K线图，很明显，连起来会是一个跌宕的"W"形。

它的发展轨迹，也是改革开放前后，中国第一代本土服装品牌的缩影：随着市场经济体制的破冰，奔涌而出的消费热情将它们推上顶端，在年轻人接管这个世界后，浪潮又退去。

在一次给新员工做培训时，高德康提到了40多年前蹬自行车送货的经历。

台上，他讲得很动情。有个95后员工站起来提问："高董，你那时候为什么不坐高铁？"

或许，现在许多年轻人都未曾意识到，自己身处于一个怎样瞬息万变的世界中。而高德康却时时让自己保持这种对"变"的敬畏与敏感。

创业之初，波司登对广告的认知即十分超前：最早在北京机场做广告，最早在飞机上做贴片广告，最早做电梯广告，最早在上海黄浦江畔打出当时全国最大的霓虹灯广告牌，甚至在夏天和南方旅游城市投放羽绒服广告。

现在，高德康时常挂在嘴边的是淘宝直播、抖音、快手、小红书和哔哩哔哩。

他说，这些都是年轻人喜欢的平台，所以要快速进入。"我要抓住每一个节点，让他们自发、自动地喜欢波司登。"

讨年轻人的欢心，波司登做了最大的努力和尝试。

这种紧迫感，是双向的——一边是时代的挤压，一边则是"狼来了"。

自2002年起，国外"快时尚"品牌加速渗透中国市场。从日本的优衣库和无印良品，到西班牙的ZARA、瑞典的H&M，再到美国的GAP，

1

2

1
吴晓波采访桂益龙。作为波司登信息技术中心总监,桂益龙时刻关注并参与着这场数字化商业实践

2
吴晓波与波司登集团智能配送中心总经理戴建国信步走在波司登厂房内,而身边的智能搬运机器人正在忙碌地工作

无论是城市潮人还是小镇青年，几乎每个人的衣橱里都有一件它们的衣服。

所以，高德康想要打破的，是波司登与年轻一代之间的"次元壁"与"距离感"。

进入央视"强国品牌"工程，在水立方召开发布会；于全国一、二线城市的恒隆、来福士、银泰、万达等主流商场，开设高势能旗舰店。

数据不会说谎，市场研究公司益普索（Ipsos）进行的品牌健康度追踪报告显示，波司登在羽绒服类目无提示下的第一提及率高达66%，在中国消费者中认知度高达97%。

天猫海外联合CBNData（第一财经商业数据中心）发布的《2019出海市场研究白皮书》显示，波司登是美国市场最畅销的国产羽绒服品牌。

简单来说，这几乎是国货能拥有的最好口碑。

伴随"国潮风"的兴起，擅长做冬装的波司登，在寒潮来临之前，也为自己缝制了一身新战袍。

探路智慧零售

另外一件新战袍，是波司登走上了"数智化"转型之路。

早在2016年，波司登便携手阿里云，打造了一个1.0版本的"零售云平台"。

彼时的"阿里云"，已从最有零售基因的阿里巴巴里破土而出，逐渐壮大，并形成了一个热带雨林般的平台生态系统。

对以波司登为代表的企业来说，阿里云不仅仅是计算、存储、网络这些基础设施，更要为"上云"的企业传递市场变化，进行客群分析，带来实际增量。

"智慧大脑"的背后是"结实的躯体"。从生产线到仓储物流的全面智能化改造,波司登展现出中国制造业的新韧性

通过"零售云平台",波司登原本分散在各地的仓库、门店库存数据,以及和线下割裂的线上库存数据,全部都"聚拢"在了一起,重构和打通之后,完全融合成一体。

"有了云平台,就不需要再去各个系统里查数据了,全都在这里,随时看得见。"波司登信息技术中心总监桂益龙说。

2019年1月,二者的合作进一步深化。波司登加入了阿里巴巴A100战略合作计划,开始从前端销售向后端制造全覆盖,进行整个供应链改造。同时,携手阿里云建设全域数据中台,共造"数智化转型时尚先锋"。

如何更快速、更精准地触达年轻用户,成为双方再度牵手的大背景。

对企业而言,传统的业务分析就像一张低清照片,雾里看花,边角毛糙而模糊;而"上云"后,数据中台通过抓取海量数据,构建一个3D高清模型,能清晰地知道客户在哪里,需求在哪里,漏点在哪里,危机在哪里。

因为,零售行业此消彼长、泾渭分明的线上与线下时代已经过去了。当下及未来的很长一段时间,将是二者大融合的转型期。在这个变局的当口,对这个行业来说,"数字化"已经从"选做题"变成了"必答题"。

显然,高德康也正将波司登的发展视野,从局部转向全链。

他说:"新零售不等于简单的线上+线下,而是与大数据契合,以消费者为中心的能力升级,从而提升企业的整体效应。"

在财报中,波司登将2019年表述为数字化战略全面落地的一年。

利用阿里云数据中台的技术和经验,波司登打通了全渠道数据,在消费者研究、精准营销、商品一体化运营、导购运营等方面进行了有效探索。

一方面，通过精准的人群圈选，不断提升在线营销的精准度，实现市场与商品洞察，并在天猫双11、天猫618年中大促、波司登88会员节等在线活动中，不断迭代和优化。

另一方面，在线下门店通过对过往销售货品和渠道进行大数据标签聚类，将分析结果应用于新款铺货，明显提升了商品与门店渠道的匹配度与动销率。

高德康说："通过整合内部信息和外部反馈大数据，除了提升产品研发的有效性，还加强了生产供应链快速响应消费者需求的能力。同时基于大数据提高市场洞察，我们可以跟消费者互动，为他们提供更优质的消费服务和场景化体验。"

同时，直播、明星、KOL（关键意见领袖）也成为波司登的"新王牌"。

2020年，其先后与李佳琦、罗永浩、雪梨等头部主播合作。与李佳琦的合作，更作为案例被写进了波司登2019/2020年的财报。

利用这一系列举措，波司登也快速积累了一大批忠诚的"波粉"——注册会员数达1965万，较上财年末增长超过30%。

截至2020年9月30日，波司登天猫旗舰店实现新增会员约90万人，会员总数达到了275万人，店铺粉丝超735万人，30岁以下的年轻新生消费群体占比稳步提升。

清晰的用户画像、精准的产品营销、多元的消费场景、庞大的粉丝群体，共同让波司登在2020年的"黑天鹅"扇翅之中，抵御住了狂风巨浪。

2020年6月23日，波司登2019/2020财年业绩发布，截至2020年3月31日，波司登收入达到121.9亿元，同比上升17.4%，净利润大幅上升22.6%至12亿元人民币，连续4年实现营收、利润双位数增长。

这个 44 岁的中国品牌，不仅有了结实的躯体、有趣的灵魂，也有了智慧的大脑。它所做的一切，既浓缩着中国企业的过去，又代表着"国货"有韧性的未来。

数智化升级：
红蜻蜓换上"新翅膀"

因为疫情和全球化变局，2020年对零售业而言颇为不易，但是，通过数字化技术，一批企业却实现了逆势增长，红蜻蜓就是其中之一。红蜻蜓的核心管理层近几年来非常重视数智化转型，这是其在这场大考中，化疫为"翼"的一个重要原因。

大多数人认为，所谓数智化转型，就是指企业增强对外营销能力。但是，完整的企业数智化包括组织的协同化、业务流程的敏捷化、管理决策的智能化，以及产业生态的一体化。未来没有线上线下之分，全域、全网、全渠道、全触点、全链路，只有是否数字化之分。因此，真正的数字化是一场"刀刃向内"，涉及企业方方面面的变革。实现数智化的企业要能够反复迭代、反复试错，快速抓住需求，拥有面向未来的竞争力。

——肖利华/阿里巴巴集团副总裁、阿里云智能新零售事业部总经理

2020年12月15日，33岁的钱帆从父亲钱金波手中，接过了红蜻蜓股份公司总裁的"接力棒"。

过去25年，钱金波打造的全国性线下零售网络带来红蜻蜓的第一次起飞。而钱帆主导的线上线下同步、企业全链路的数智化转型，则给红蜻蜓插上了轻盈的翅膀，帮助这家老牌鞋企跨越了一场严峻的危机。

回顾红蜻蜓近两年的变革历程，钱金波感慨道："转型闯关初见成效。数字化进程坚定坚持，产业协同供应链加速构建，品牌年轻化、新国潮升级消费牢牢抓住。"

"人、货、场"全面数字化重构

2020年"双11"，红蜻蜓成交总额突破8亿元，同比增长111%，拿下天猫时尚鞋靴品类第三名。

线上业绩的迅猛增长，来自红蜻蜓对"人、货、场"三要素的全面数字化重构。

"人"的数字化：借助天猫智能导购、钉钉等数字化工具，红蜻蜓的5000多名门店导购全部搬到了线上。目前，庞大的导购人群在运营好线下销售的同时，还可应用直播、短视频、小程序、社群等工具，对776万个会员进行精准的数字化运营。

2020年疫情最严峻的2—3月，在线下近4000家门店停业的情况下，线上导购依靠小程序、会员群等方式维持了业绩。其中，3月的一场小程序社群营销仅用两天就取得了1000多万元的销售额。两个月的时间，红蜻蜓通过直播实现5300万元销售额，并选出了100多位优秀的店铺主播。

"货"的数字化：依托数据中台，红蜻蜓打通了生产端与销售端，实现了供应链的柔性生产和快速反应，所有商品的开发、销售、促销也实现了全链路的数字化管理。

在商品开发环节，通过数字化智能评估，聚焦重点品类，大幅提升了爆品的概率。比如，红蜻蜓通过数据分析，提前一年预判到马丁靴品类将会持续走高，因此在马丁靴的开发上投入重兵。在 2020 年 9 月的两次直播中，8.7 万双马丁靴售罄，创下鞋类单品直播销售纪录。

商品的数字化，使订货会变得更加便捷高效。红蜻蜓的订货会从此前的一年四次转变为月月上新，从大批量订货转变为高频次、小批量。虽然订单量变小了，但新品上市的频次增加了，规避了订货计划不准带来的库存风险，又让门店和线上一样具备了敏捷的销售能力。

"场"的数字化： 早在 2018 年红蜻蜓就与阿里巴巴达成新零售合作，线下 1000 多家自营及联营门店全部上线智慧门店和轻店。次年 1 月，红蜻蜓正式成为阿里巴巴 A100 战略合作伙伴，将近 4000 家门店全部实现了数字化，将线上线下会员、订单、库存一体化，实现线上线下的全面打通。

红蜻蜓董事长钱金波认为，门店将成为体验店、前置仓，成为连接消费者的空间，给消费者带来更好的线上线下一体化服务。

全链路数智化升级

"在线化、网络化、智能化"，被视为智能商业的三部曲，红蜻蜓的数智化转型升级完整地体现了这一过程。

对包括红蜻蜓在内的皮鞋品牌来说，一个最大的行业困境是，消费者越来越偏爱运动鞋。有统计显示，近年来运动鞋市场的年复合增长率在 20% 以上，而皮鞋市场的年复合下降率为 10%。

第一章 产品智能化，让产品更懂我

2017年，驰骋资本市场多年的"鞋王"百丽黯然退市，给整个行业拉响了警报。伴随着线下零售的困境，经历多年高速增长的中国鞋业来到了命运转折的"十字路口"。

在商场摸爬滚打20多年的老江湖钱金波也嗅到了危机的信号，开始酝酿转型升级。

继成为阿里巴巴A100战略合作伙伴后，2019年，红蜻蜓与阿里云签署了全面上云和数据中台合作协议，推进全链路业务的数智化升级。

在危机的倒逼和自我的迭代中，红蜻蜓利用前沿的互联网和数字技术，全面重构了企业的运营，突破了工业时代的旧有模式和经营效率。

早在2010年，淘宝商城上线第二年，红蜻蜓就成立了电子商务部，当年线上销售额3000万元。2011年3月，红蜻蜓备了7万双鞋子，在聚划算上搞了一场活动，一下子带来800万元销售额。

这极大振奋了钱金波。2011年9月，红蜻蜓成立电商公司，按照独立子公司模式运作。

到了2018年，红蜻蜓成立新零售部门，钱帆担任负责人。钱金波把红蜻蜓的半条命交给了31岁的儿子。

"2018年，我们处在传统企业转型的关键阶段，刚好遇到了阿里巴巴。"钱帆说，"以前更多的是通过经验去判断整个业务的流程，有了数字化赋能之后，我们在整个业务端，包括门店端、导购端和营销端，更多的是通过数字化的能力去做业务决策。"

"以前是生产出来什么就卖什么，现在是顾客需要什么才生产什么。"红蜻蜓高级副总裁张少斌说，"红蜻蜓数智化升级最大的一个变化，就是以消费者需求的数据洞察为中心，来驱动研发、生产、销售的全链路，靠关键节点的数据去驱动企业的智慧运行。"

2020年，新冠肺炎疫情突然来袭，线下零售纷纷停摆，拥有近4000家门店、每月固定开支上亿元的红蜻蜓被逼到了墙角。钱金波在给全体员工的一封公开信中写道："近期彻夜无眠。"

"以前大家都在原来这条路上走得挺好的，没那么急迫。"钱帆说，"疫情来了才发现，这种运营模式完全跟不上了，组织模式和组织效率不够用，费用那么高，不改不行啊！"

危机之下，钱金波抽调公司骨干组建"战疫指挥部"，新零售部门任先锋，钱帆担任指挥官。

一声令下，一天内搭建好线上商城，紧急复工的5000多名导购全部上线，展开社群营销。钱帆用平均每天62场线上会议的步调，"把门店搬到网上去，把销售搬到社群中去"。依托前期积累的数字化能力，无论是会员数据还是门店商品，红蜻蜓都可快速导入新建的线上商城。

钱帆透露，疫情最严重的2月，红蜻蜓日离店销售额突破200万元，实现了逆势增长。

"离店销售相当于给门店插上了翅膀，疫情之后，企业的战斗力会更强。"钱帆说，危机也是机遇，一场疫情，打破了固化思维，激发出离店销售能力、全员卖货能力，这是红蜻蜓最宝贵的财富。

渠道升级：抓住那些年轻人

2020年3月8日，56岁的钱金波在中国鞋文化博物馆开始了个人第一次直播。这场直播持续两小时，以31万热度进入当天淘宝直播巅峰服饰频道实时排名前三，累计吸引了43.53万人次观看，点赞量超过300万，带货销量突破50万元。

第一章 产品智能化，让产品更懂我

56 岁的钱金波第一次直播卖鞋。2020 年疫情催生线上直播带货，许多企业一把手走出舒适区，亲自为自家产品吆喝

一把手亲自下场直播，带动了红蜻蜓直播业务的快速发展，联动线上线下，加速了全渠道的融合发展。更重要的是，直播让红蜻蜓收获大量年轻客群，客群平均年龄下降了 5 岁。

为了抓住直播风口，加速客群年轻化战略，已经 25 岁的红蜻蜓制订了"三个一百计划"。钱帆说："希望内部出现 100 个会直播的中高层。我们在终端培养 100 个网红导购，我们有将近 4000 家门店，我们也想跟 100 个网红主播合作，真正形成红蜻蜓数字化营销和直播的矩阵。"

这其中，与薇娅的合作极大提振了团队的士气，成为红蜻蜓直播业务的一个里程碑事件。2020年9月，经过大半年的谈判，红蜻蜓终于拿下了和薇娅的合作，开始达人带货直播业务。

钱金波对此事异常重视，他觉得这个合作来之不易，叮嘱大家"一定要全心全意做好对接"。

红蜻蜓是第三家与薇娅合作的皮鞋品牌，公司上下对与头部主播的合作充满期待，但出于谨慎，并未设定太高的目标。

"当时想一款鞋能卖1万双就挺好了，于是我们就备了1万双的现货，原材料也准备就绪，后来销量火爆，决定开启预售模式，不断追加订单，第一场直播竟然卖掉3万双。"红蜻蜓电商负责人郑志强回忆。

第二场直播，薇娅晚上10点钟直播红蜻蜓，钱金波从8点多薇娅上播开始，就一直在线观看，"3万双现货上来就秒空"。接下来第二批推7天预售，本来准备报1万双，测算了一下供应链的产能，最后钱金波做了一个决断，2.5万双！"7天生产2.5万双鞋是一个巨大的挑战"，当然第二批也都卖完了。然后第三批15天预售，又是2万双一售而空，这一场直播最终实现了5.7万双的销售数据。

"现在是按需定产，以前是以产定销，这两个模式不同的原因就在于信息支撑或者数字化协同能力的提升。以前谁敢说我去卖3万双，手里就备1万双的现货？这是找死，但现在敢了。"

制造升级：数据驱动的柔性生产

过去40多年，中国企业最大的痛点在于：生产与销售割裂，产品与需求错配。制造商生产出来了大量不匹配市场需求的产品，导致经销商、零售商库存积压，造成了巨大的浪费。

红蜻蜓通过阿里云数据中台，打通了前端的销售和后端的生产，真正实现了 C2M（用户直连制造）。

"过去我们是'埋头干'制造，凭经验去生产，现在是通过消费者画像、销售数据分析来驱动制造。"红蜻蜓主管生产的副总裁徐威说，"现在不是制造驱动销售的时代，而是根据市场需求，用数字化的眼睛增强对潮流趋势、消费者变化的洞察力，从而以需定产，满足顾客需要。"

以前的生产方式更多是基于过去的数据，对未来的预测能力不足，阿里数据中台可以实时掌握动态海量消费数据，通过数据分析发现未来趋势，从而具备了预测爆款的能力。

千篇一律的商品已经无法满足当今消费者日益个性化、多元化的需求。为了适应瞬息万变的市场，红蜻蜓研发出一套精益生产模式：100多米长的生产线升级成为模块化布局，一旦预测到爆款，需要50双就可以接单，最快7天就能出货，生产变得更加有弹性、敏捷和高效。

俗话说，鞋子合不合脚只有脚知道。南方人的脚大多瘦长秀气，北方人的脚则比较短，脚掌很宽，这就要求针对各地人的脚形推出差异化的鞋子。红蜻蜓通过对不同区域的市场数据的挖掘分析，建立了一套标准化体系，发现潮流趋势以后直接匹配数据，将原本需要10天的工艺大幅压缩，"最快1天半左右就可以出样品"。

早在10年前，红蜻蜓就开始研究中国人的脚形数据，把这些数据沉淀下来。如今，通过一系列数字化、智能化设备和技术，红蜻蜓正在把数据驱动的柔性生产一步步变成现实。

一台量脚的设备，人只要站上去三秒钟，它就可以把十几个维度的数据精准测量出来。徐威说："过去的消费模式是先有鞋，然后脚再去适应鞋。而今天我们通过鞋楦标准化体系建设，建立脚形数据库，然后根据消费者脚形数据在数据库找出最匹配的鞋楦，就可以快速定制更舒适

天生大脚的人很难购买到合适的鞋履,而红蜻蜓生产的超大鞋,能做到美观又舒适

的鞋子,满足市场的个性化需求。"

数智化打通了生产与消费的壁垒,让 C2M 的柔性生产成为可能,极大提升了企业的经营效率。

2020 年,红蜻蜓的新品售罄率从之前的 60% 提升到了 80% 以上,化解了高库存的行业通病。

与此同时,红蜻蜓还引入了很多自动化设备,比如自动排版裁断机、电脑针车机等,实现了全流程数字化,极大提升了生产效率,在产量不变的情况下,一线员工数量下降了 30%。

深圳台电：
联合国的"沟通"之道

深圳台电的故事，让我很感慨，"数字化"确实给我们打开了一扇门。这家企业一直按照传统的思路和模式来做硬件，有了远程的云的支持、人工智能的支持，产品就有了"软硬一体"的科技含量。以前不能提供的服务，现在能提供了，而且是精准的、实时的服务。这一套动作下来，是真正意义上的"上云—用数—赋智"。

新基建的目标，并不是新基建本身，而是数字基础设施的建设能够赋能于每个人、每个创业者和企业。因为有了数字基础设施的支持，整体的科技水平得以提升。

——王煜全/全球科技创新产业专家

每晚7点，周庆东会准时观看《新闻联播》。这个习惯他保持了十几年，除非实在没办法找到一台电视机。这是他的"职业病"，只要有会议新闻，他都会紧盯屏幕，看看自家的产品有没有出现。

人数稍微多一点的会议，都少不了话筒，话筒又需要一套软硬件支撑。周庆东做的就是这个——整套会议系统设备。

如果看到画面中的"话筒"是别家产品，他会立即给所在地的代理商发条信息：我们的产品能不能进××会议？

1996年，周庆东与胞兄周庆叙在深圳创业，聚起了几名电子工程技术人员，专门研发和生产会议系统。会议系统是安装在台面上的电子产品，所以他们给企业起了个很朴实的名字——深圳市台电实业有限公司（以下简称"台电"）。

在做这次调研之前，我们团队没人听说过"台电"这家公司，只知道它是阿里云的合作伙伴。我们问了一个在深圳商界颇为活跃的企业家，答复是"只是听说过，没有深入了解"。

它是一个世界级的"隐形冠军"，为全球120多个国家和地区提供会议系统设备，其中包括联合国、世界银行、欧洲委员会等重要国际组织的总部，以及G20峰会、APEC（亚太经济合作组织）首脑会议、进博会等顶尖的会议场所。（见表1）

17年前进军海外市场时，台电进入的是一个强敌环伺的领域。对手包括欧美数家有着50年以上历史的老牌行业龙头，也有飞利浦、博世、索尼、松下等综合性的电子科技公司。

目前，台电的产品销售，国内和海外刚好各占一半。周庆东说："台电24年来'一把锥子扎一个孔'，集中在会议系统这一个点上发力。目前在全球市场，能与我们竞争的公司只有一两家。"

2020年5月14日，中共中央政治局召开了常委会会议，提出"深

表 1　采用台电会议系统的重要会议场所

国际会议场所（15 个）	国内会议场所（15 个）
联合国总部	全国政协常委会议厅
联合国日内瓦办事处	国家新闻办公厅
欧洲委员会总部	北京钓鱼台国宾馆
欧洲议会	国家会议中心
非盟总部	北京雁栖湖国际会展中心（APEC 峰会、"一带一路"国际合作高峰论坛会场）
世界银行总部	国家会展中心（上海）（进博会会场）
国际货币基金组织总部	杭州国际博览中心（2016 年 G20 峰会会场）
禁止化学武器组织总部	厦门国际会展中心（2017 年金砖五国峰会会场）
法国参议院	青岛奥帆中心（2018 年上合组织峰会会场）
法国国民议会	深圳国际会展中心（新）
美国白宫	北京城市副中心行政办公区
匈牙利国会	浙江省人民会堂
阿联酋总统府	江西省会议中心
摩洛哥国会	广东省人大常委会议厅
哥斯达黎加国会	黑龙江省人大常委会议厅

化供给侧结构性改革""构建国内国际双循环相互促进的新发展格局"，这将是未来一段时间里，中国企业发展路径的指导方针。

周庆东兄弟俩，一个管产品研发和制造，一个管全球的市场推广。从某种意义上说，两人的分工正好代表着"供给侧改革"和"国内国际双循环"这两条路线。

令人好奇的是，这样一家不为公众所知的民营企业，是如何做出选择，在这两条路线上齐头并行的？它又是如何进行供给侧的产品升级，实现"双循环"发展格局的？它与阿里云之间，又擦出了怎样的火花？

联合国里的"沟通"之道

记得早先开会时，大家勤勤恳恳，领导说一句，下面记一句。这可能是我们过去常见的会议场景：主席台上，领导们轮番讲话，台下的人埋头吭哧吭哧奋笔疾书。听没听进去不知道，反正半天工夫能写满一个笔记本。几支麦克风，一个大音箱，就能撑起一场数十人甚至上百人的会议。

如今很多会议，功能需求远远不止收音、扩音这么简单。比如，在恐怕是世界上最复杂的会议场所——联合国，开会时动辄有数百个国家的代表，人数过千。会议系统设备除了要求声音的清晰传递，还涉及发言控制、同声传译、投票表决等复杂功能。

2019年11月，联合国欧洲总部万国宫（位于瑞士日内瓦）第19号会议室举行了一场揭幕典礼。这个由石油国家卡塔尔豪气捐款翻新装修的会议厅，是目前联合国技术规格最高的会议场所。

第19号会议室有800个座位，不同肤色的参会者坐在这里的顺畅沟通之道，是地板之下铺设的长达44公里的电缆和桌面之上来自台电的数字会议系统设备。"第19号会议室是一个极具雄心和挑战性的项目，它将真正成为未来会议系统发展的风向标。"台电瑞士代理商销售总监德·凯泽（De Keyser）表示。

早在2011年，联合国总部就耗资18亿美元对会议室进行翻修，改造重点之一，是落伍的会议设施设备。经过数轮竞争，台电胜出，成为独家供应商。超过1万台印有"TAIDEN"商标的会议设备及后台管理

超过1万台印有"TAIDEN"商标的会议设备及后台管理系统,"承包"了联合国总部第19号会议室

系统,"承包"了整个联合国总部的会议室。

在这场竞争中落败的品牌,包括扎根联合国50余年的德国品牌贝拉、当时已有67年历史的比利时品牌泰勒维克,还有德国最大的工业企业之一博世集团。

联合国总部,代表着会议系统需求的最高标准,所以这次招标并不是"价低者得"。台电以中等偏上的价格夺标,意味着其产品受到了认可。

在接受《深圳特区报》采访时,联合国会议管理部专家马克表示:"新会议系统的大部分功能需要定制,我们看到了深圳台电的研发能力、技术和快速响应能力。不管是不是节假日,只要我们提出要求,均能在最短时间得到解答并收到成熟的方案,这是选择中国品牌的重要理由。"

举个例子。联合国向所有竞标者提出要求,需定制开发一套完整的数字化设备管理方案。这是由于联合国会议量大,整个会议操作系统管理非常关键,如会议管理操作员要负责麦克风、摄像机、投影仪、表决电子牌、同声传译、远程视频会议等多个环节的无数设备。台电接到这个要求后,不到一个月就设计出了一套非常人性化的会议资产管理系统,每个环节的每个会议设备都有独立的ID,方便系统录入、调用和更改设置。会议管理操作员只需安坐中控室内,动动手指操作鼠标,便可将数十间会议室中的全部会议设备纳入掌控之中,可谓运筹帷幄。

以前,联合国的会议桌上都摆放有纸质或木制的名牌,用于显示参会者姓名等身份信息。联合国有一队多达90名的工作人员专门制作和管理名牌。使用台电的多媒体会议终端后,从事这项工作的人员降到了5名。因为台电系统集成了每席一个的电子名牌,参会者对号入座、使用IC卡签到后,身份信息、会议日程、电子表决、传译语言等信息会即时同步,电子名牌会自动显示系统中预设需要显示的信息类别,如国家、机构、姓名等，大大提高了会议管理效率。

"我们总是带着客户的需求来研发，很多初代产品的功能都是定制化设计，之后再转换为标准化生产。"参与了联合国总部项目的台电市场中心副总监黄纬璐表示。

云上的智慧会议

近几年和客户沟通，黄纬璐经常碰到一个让她"卡壳"的需求，"台电能不能和会议同步，把语音转换成文字？""把会议发言变成大屏字幕，像看双语电影一样？"

从技术层面来说，语音转文字，不难。对于台电而言，难点在于多音源、多语种会议下的实时转写。而且，台电的客户群体多为政府机构和大型企业，对语音识别的准确率要求十分高，容不得半点差池。

围绕实时会议记录和字幕显示，台电近几年一直在做研发攻关，硬件支持能力达到了，转写准确率问题却始终没有得到解决。

在深夜读到的一本书——《智能商业》（作者为阿里巴巴集团学术委员会主席曾鸣），给了周庆东启发。他记住了书中的几句话：

> 新旧商业的区别，在于精准。精准，就是精确和准确，分别对应着网络协同和数据智能。未来那些无法为用户提供精准服务的企业，很快会被淘汰。
>
> 人类文明社会的发展，主要不是依靠人脑的进化，而是通过社会化合作的不断创新和突破，带来生产力的大爆发。

周庆东引用这本书里的一句话，形容读完的感受——"像一辆战车碾碎了心中布满灰尘的商业常识"。他意识到，台电可以借助"社会化合作"的外部力量，来实现产品的智能化，为用户提供精准的服务。

不久，台电和阿里云、达摩院语音实验室联合对外宣布，携手打造开创性的"云上智慧会议"。

"阿里是最早布局语音 AI（人工智能）技术的科技公司之一，达摩院语音实验室在智能语音领域全面布局，不仅识别速度快、准确率高，还能听会说，支持方言和外语，可以读懂人类情绪。"阿里云通用事业群副总裁徐栋表示。

周庆东把这次合作形容为硬科技和软实力的超强连接。一头是台电积累下来的硬件能力，比如"多通道语音分离"；一头是阿里云、达摩院云上 AI 软件的领衔优势，比如"智能语音识别技术"（ASR）。

这"一硬一软"结合产生的"软硬集成、端云一体"的云上智慧会议系统究竟有何不同？

设想你正在参加一场会议，先是 5 位嘉宾分别用英语、俄语、西班牙语和普通话、粤语发表演讲，然后嘉宾就某个议题展开讨论。

此时，坐在会场的你除了可以用耳麦听同声传译，还可以在大小屏甚至个人电脑、手机上看到精准翻译的实时字幕。会议刚结束，你的邮箱不仅收到了整场会议的文字记录，每个嘉宾的发言和讨论也通过台电的"角色物理分离"技术被摘了出来，识别转写成一段段与各自身份一一对应的文稿。

而且，这场会议的音视频文件和文字转写，都是以阿里云全面的云服务为基础、"数字化"部署在云端的，可供安全存储和随时调用。

达摩院智能语音实验室负责人鄢志杰表示，依托台电端上硬件的巨大优势和阿里云、达摩院云上 AI 软件的领先能力，双方的合作可更进一步实现会议的智能化和数字化，开辟未来"端云结合、端云一体"的会议新模式。

创始人兄弟的选择

如稻盛和夫所说:"拉面店也好,小商小贩也好,假如满足于既有格局下的成功,那么企业的规模也就到此为止了。"

毫无疑问,在会议系统这个领域,台电在某些方面拔得了头筹——国内首家自主研发出会议系统芯片的企业,拥有会议系统的全部核心技术与自主知识产权,在无线会议系统、同声传译系统、大型表决系统等多个领域居国际领先水平。

但是对台电来说,如果沿袭既往的方式和惯性的模式,通过自身研发去进行产品的"供给侧改革",可能它将来也只是一家售卖会议硬件设备的公司。而硬件有迭代周期,联合国就曾十余年未更换过会议设备。

通过和阿里云合作,台电的会议设备与AI、云计算产生连接,可以从硬件销售向提供精准服务转变,从规模化、标准化的生产向个性化、智慧化的数字经济转型,向产业互联网升级。

正如阿里云智能总裁张建锋所说:"产业数字化就是技术要跟产业融合,但不能是低水平的融合。低水平的融合实现的只是信息化和自动化,我们要实现数字化、智能化的融合。"

"云上智慧会议"的示范意义,在于实体经济和数字经济的深度融合,用数字化、云计算等软实力提升硬件产品的品质,从而做出更好的产品,提供更佳的服务,创造更大的价值。

回过头来看本节开头提出的关于"选择"的两个问题,台电创始人兄弟如何回答。

周庆东说:"台电的选择,是以饥饿感和危机感为原动力,以'重研发、重投入'去创新产品，以全球化视野去做品牌推广和开拓市场网络，形成'两条腿'走路的良性循环。"

一直掌管着技术研发的胞兄周庆叙，以台电曾经面临的选择来反问作答：

"是先做大市场再做强，还是先潜心研究核心技术，做强后水到渠成地做大？

"是先在本专业内做到极致，还是先进行业务扩张？

"是以当下利润为先，还是以长期发展为先？

"是先进入资本市场圈钱变现，还是先打品牌坚实成长的基础？"

这些方向性的问题，无一不考验着一家企业的路径抉择。

第二章

服务智能化，让运营变得场景化

云上丝绸之路：
智慧化的西部机场

机场是一个比较特殊的行业，它既是公共交通运输系统的一个重要组成部分，带有准公共服务的性质（因此航空业务的定价往往受政府的指导和监管），同时又是一个商务和旅游人流汇集的场景，具有很高的商业价值。相比大多数行业，机场对运营的安全性、准确性要求比较高，因而对信息系统的建设和运用也比较早，但传统的信息系统往往只关注生产环境，它解决的是办公管理和生产运营的信息支撑问题，但旅客对这种系统的感知程度很低。

西部机场的数字化转型，从技术的角度来看可能谈不上有什么重大突破，但非常难得的一点是，它并不是"为了数字化"而数字化，而是把核心目标聚焦在旅客的感知上，以用户的需求来指导数字化转型的方向。因此，无论是 IT 架构的云化、数字中台的建设（因而在底层发掘了数据价值，提升了运算效率），还是前端包括无纸化通关、智慧航显、定向呼叫等在内的应用，旅客对其的感知是很明确、很正面的。运营效率提高了，用户体验提升了，而且还能够把用户的"流量价值"计算和应用起来，对机场和用户来说，这是一种双赢的变化。

——秦朔/中国商业文明研究中心发起人

第二章　服务智能化，让运营变得场景化

时代的召唤

2019年9月，当一位普通旅客站在新落成的北京大兴国际机场中时，他能深切感受到这个机场的与众不同。在这里，原本烦琐的登机手续变得十分简单，许多系统都是自动化、智能化的。

大兴国际机场无疑是近年来中国机场变化的集大成者，但同时，它也仅仅是这种变化的一个缩影。中国民用航空局发布的《中国民航四型机场建设行动纲要（2020—2035年）》，就旗帜鲜明地将"平安机场、绿色机场、智慧机场、人文机场"（即"四型机场"）作为中国机场的未来发展方向，而其中又以智慧机场为"重中之重"。

所谓"智慧机场"，首先是"数字化"，即信息基础设施比较完善，管理运营中的各类数据丰富可得。其次是"网络化"，要把不同部门、系统之间的数据统一标准、互联互通。最后是要实现"智能化"，能够综合利用大数据、云计算、人工智能等新技术，利用数据实现辅助决策、资源调配、预测预警、优化控制等功能。

"智慧机场"并不是国际化大机场的专利，一些规模稍小的机场在智慧化运营方面也常有亮点。例如，苏南硕放机场在2018年就推出"新一代智慧出行"，形成了自助值机、自助行李托运、"刷脸人证合一"安检和"无纸牌"登机的完整服务流程，在国内首次实现了全流程无纸化新一代旅客智慧出行。

而这里要讲述的西部机场集团，尽管地处西部，区域经济发展水平相对东部发达地区还有差距，其数字化转型升级的理念却丝毫没有落后，在争创"四型机场"的时代召唤下，交出了一份高分答卷。

西部机场的思考与实践

西部机场集团是全国第二大（仅次于首都机场集团）跨省区运作的大型机场集团，负责西北地区 23 个成员机场的建设和运营管理，其中干线机场 3 个（西安咸阳国际机场、银川河东国际机场、西宁曹家堡国际机场），支线机场 15 个，通用机场 5 个。2019 年，西安咸阳国际机场旅客吞吐量达到 4739.3 万人次，位居全国第七位，货邮吞吐量增速全国第一。

但是，由于机场的信息系统是在过去几十年中陆陆续续建起来的，而且在传统的架构下，系统各自独立，数据的完整性、通用性都存在很大的问题，仅能维持日常的运行管理，缺少延展的可能。

这些问题和挑战，促使西部机场集团开始重新审视自己的 IT 架构，并启动了信息化变革的相关项目。2018 年，西部机场集团和阿里云达成合作，共同探索机场信息系统的转型升级方向。

当时，行业内的智慧化转型之风已经刮起，但各个企业有自己的实际情况，具体的着眼点、落脚点各有不同，缺乏可以统一借鉴的"模板"，这使得西部机场的转型本身就带有"摸着石头过河"的意味；另一边，阿里云的技术能力虽然很强，但当时对机场行业生产运营的环境和关键要素理解还不深刻。因此，在项目落地之前，双方围绕核心目标、具体方向等问题，展开了长达数月的讨论。

磨刀不误砍柴工。在双方一轮又一轮的讨论中，一个核心问题缓缓浮现：机场的数字化、智能化转型的最核心服务目标、受益目标应该是谁？是机场本身吗？是航空公司吗？还是一个个具体的旅客呢？

双方最终都认可，机场服务的终极对象，是旅客。只有服务好旅客，才能让航司和机场都受益；有了优质的旅客服务基础，才谈得上高价值的非航业务发展。因此,机场信息系统的转型升级目标,应该是切实提升服务旅客的能力和效率,让旅客在机场全周期场景中,获得更佳的体验感。

基于这种认识,西部机场做出了这样的预判:"随着旅客出行需求日趋多样化和个性化,线上化和自助服务将逐步取代传统人工服务,如何快速感知、触达、响应用户是机场在互联网环境实现智慧服务的核心能力。"并将自己的智慧机场总体目标确定为:"全面实现互联化、可视化、智能化、协同化、个性化和精细化。"

确定核心目标和落脚点之后,阿里云协助西部机场,做了这样一些事。

首先是在 IT 架构的云化升级和业务中台化、全链条在线化方面做了初步的探索。西部机场在集团层面构建了旅客服务云,聚合上线旅客出行、生产运行和员工服务等三类 50 余项业务应用,并使用中台架构贯通各业务领域,实现旅客服务链路的全连接。在组织架构方面,还在集团层面成立了数据服务中心,作为基础保障。这一举措,解决了原来系统之间、部门之间、机场之间的信息孤岛问题,筑实了数字化转型的底座。

除了将基础设施"云"化,西部机场还在"端"的层面推陈出新,优化客户体验。在这方面,西部机场推出了"西部机场畅想旅行"公众号和旅客服务小程序,方便旅客在移动端轻松地进行值机、中转、航班提醒、延误赔付等;上线了全国民航机场首家云端智能客服应用,基于底层数据的打通,叠加 AI 技术对关键词的学习和抓取,使一些通用性问题可以转交给机器人来回答,有效回复率达到 60% 以上,大大降低了人工客服的工作压力;同时,西部机场也利用人脸识别技术,实现无纸化通关,减少旅客换票持票的麻烦,便于机场管理和降低运营成本。

此外,西部机场还实现了对商铺的数字化管理。由于对旅客的流量、驻留区域、驻留时间有一个更精确的统计，西部机场在铺位布局、品牌选择、定价等方面也就可以更准确地进行规划，这就对机场的非航业务形成了很好的推动。本质上，这正是由"快速感知、触达、响应客户"衍生出来的价值空间。

智慧化的云上丝绸之路

那么，西部机场集团的数字化实践，产生了什么样的实际效果呢？

从外部评价来看，效果是显著的。2019年3月28日，国际航空运输协会（IATA）向银川河东国际机场颁发了"白金机场"认证证书。这是国际航空运输协会大力倡导的"便捷旅行"项目的最高级别认证，标志着银川河东国际机场的信息化水平迈上新台阶。

从客观数据来看，成绩可圈可点。在2019年中国大陆3000万级以上机场准点率排名中，西安咸阳国际机场以81.31%的准点率位居全国第一，这一成绩与其IT架构云化和数据拉通有着直接的关系。

从旅客感知来看，西部机场的智慧化服务也确实极大提升了旅客的便捷度。以"无纸化通关"为例，由于值机线上化率提升，高峰时段旅客值机排队时长由15分钟缩短至8分钟，有效缓解了值机柜台的压力，旅客出行更加便捷，服务品质显著提升；在安检环节，旅客以往过安检口通关需要30秒，而人脸识别只需要约6秒，大大提高了通关效率；在登机环节，部分机场使用"双向人脸识别"闸机，旅客只需"刷脸"，自助闸机便可开门放行，与传统扫描登机牌登机方式相比，登机时间缩短近50%。

除了更为便捷，旅客体验也获得提升。譬如，很多机场在催促晚到旅客登机时，往往会采用喇叭广播的方式，这种非特定传播的方式虽然能够形成全域覆盖，但不利于隐私保护，旅客的体验感是相对较差的。而西部机场在 IT 升级的过程中，由于数据全域拉通，就可以通过机器自动定向呼叫，向旅客拨打语音电话，提醒其尽快登机，在提高服务效率的同时，也呵护了旅客的乘机体验。

2020 年疫情期间，在数字化转型的支撑下，西部机场集团的信息系统为抗击疫情、保障安全运营，做出了重要的贡献。当时，为了支撑西安机场的旅客布控和员工健康信息的收集、处理和传递，在旅客服务中台的支持下，信息部门当天调研并开始研发，第二天就实现第一个版本在西安机场上线试运行，第三天实现应用系统在三大机场稳定运行，满足疫情防控单位的业务需求。

此外，一些智慧化的应用也在客观上有利于防控疫情。譬如，应用了人脸识别技术的智慧航显系统，改变了大屏滚动播放全体航班信息的传统做法，只要旅客站到指定点位，刷脸就可精准展示特定航班的登机口、航班状态等信息，这不仅提高了效率，消弭了旅客的等候焦虑，也降低了人群聚集的必要性，减少了疾病传播的可能。

当然，从行业整体来看，无论是西部机场，还是其他大中型机场，其数字化转型还远没有到达终点。不过，从西部机场的实践来看，围绕服务旅客这个本质，充分发挥数字技术在机场全流程管理、旅客全周期服务上的作用，确实能够极大地提升行业的效率与价值，为旅客真正铺就一条智慧化的"云上丝绸之路"。

一路领"鲜"：
百年光明新征程

2020年的新冠肺炎疫情，给各行各业都带来了很大困难，其中，乳制品行业是受冲击相对比较严重的。一方面，乳制品因短保质期而高度依赖终端动销，在消费场景被急剧压缩的情况下，存货的折损非常严重；另一方面，因为奶牛不会停止产奶，又不能靠压降生产节奏来削减成本。所以，全行业在第一季度的财务表现是非常低迷的。

不过，乳制品行业在二季度很快就恢复了元气，尤其是类似光明乳业这样规模较大的企业，恢复得更快一些。除中国疫情控制能力的因素之外，乳企这几年在推动的数字化变革也起到了很重要的作用。光明乳业通过更积极地拥抱线上渠道，更主动地做用户运营，获得了更多触达用户的机会，这是在消费者容易看到的营销端。而在消费者不容易看到的前端供应链、内部管理等方面，通过提升数字化水平，光明乳业对工作流程进行重构，使效率提升，履约能力增强。

——王刊良/中国人民大学商学院教授

天地融合，积极部署应对疫情考验

2020年春节期间，一场突如其来的新冠肺炎疫情，让全社会、各行业措手不及。为了切断病毒的传播链条，人们被迫在社会运转的各个环节中，层层上锁，道道把关。良好的社会秩序管理，确实使中国成为全球疫情控制最有效的国家之一，但在坚持物理隔离之外，如何保产业、保供应，又成了一个令人挠头的问题。

在各行业门类中，乳制品行业受冲击相对比较严重。一方面，受节庆社交场景基本消失的影响，乳制品的需求有所萎缩，而产品保质期短带来的清库存压力，以及生产、运输环节的成本增加，都严重拖累了乳制品企业的正常经营。另一方面，对消费者来说，由于商超、副食品店等传统购物终端临时关闭，线下销售渠道大量瘫痪，一些地方出现了抢购、

疫情突发，打得人们措手不及，线下零售几乎处于停滞状态

囤货的现象，导致一些急需牛奶补充营养的消费者却买不到产品，需求无法得到满足。

在华东地区，乳制品供需两头受阻的情况也在发生。作为国内乳制品行业领跑者之一，尽管光明乳业是拥有110年发展历史、深受全国消费者信赖的"老牌子"，它在这样的环境中也难免受到波及。根据公开披露的2020年第一季度财报，光明乳业当季营业收入较上年同期下降了5.84%，归属净利润同比大幅下降45.35%，扣除非经常性损益后的净利润也有小幅亏损。

但是，在严峻的考验面前，光明乳业并未坐困愁城，而是积极践行国企担当，勇挑抗疫、保供重担。由于疫情促使人们的日常消费形式转向线上化和无接触化，从2月起，光明乳业充分发挥其线上订购平台"随心订"的作用，在光明食品集团的大力支持下，在"随心订"上新增蔬菜、猪肉等产品，开启转型鲜食宅配平台之路。5月，"随心订"平台积极参与上海市"五五购物节"系列活动，开设购物节专场，发放光明食品集团17亿元专享购物券，上线33家食品品牌近400个优选产品，进一步丰富产品品类，迅速拓宽了消费人群类别。

随着国内疫情防控形势的日趋明朗，经济逐渐步入复苏通道，线下商业的活力也渐渐恢复，这时，光明乳业充分发挥线上线下全渠道融合的能力，给消费者带来更好的购物体验。譬如，"五五购物节"活动期间，消费者在"随心订"App线上领取的"专享购物券"，不仅可以参加App线上专区活动，还可以在线下3000余家实体门店使用，享受超多优惠福利。线上领券促成线下消费，真正做到线上线下联动狂欢。这种线上线下"天地融合"的方式，不仅能够捕捉到传统场景下容易流失的销售机会，而且更深刻地贴近了消费者，增强了会员运营的能力，活动开展的5—7月间，"随心订"App新客注册达到日常的2倍之多。受益于新零售能力的强化，光明乳业在第二季度打了一个漂亮的翻身仗，单季度实现营收70.1亿元，同比增长24.36%，归属净利润也同比转正。

光明乳业之所以能在渠道端实现"天地融合"，与其近年来实施的数字化变革密不可分。像乳制品这样的传统行业，线下渠道曾经是绝对的主流，线上只是作为销售的补充。但随着移动互联网的爆发，线上流量急速攀升，带来了巨大的业务增量；同时，由于线上业务能够实现数据留痕，有利于企业深度运营客户，因此，越来越多的企业开始重视线上渠道的投入。但是，要想把线上业务做好，乃至将线上线下的渠道打通，就对企业的数字化能力提出很大的考验。

面对这一考验，光明乳业的态度十分积极。2018年1月，光明乳业与阿里巴巴零售通达成战略合作，光明乳业携经销商体系整体接入零售通平台，阿里巴巴零售通利用渠道和技术优势，为光明乳业建立数据化的管理系统，提升光明品牌下沉效率。2019年11月，光明乳业与阿里云签署战略合作协议，阿里云以云计算、人工智能、中台为基础，整合阿里巴巴集团在新零售、支付、物流、智慧门店等方面的领先优势，为光明乳业提供技术、资源等支持，共同推动光明乳业的数字化转型。

在数字化转型项目的框架下，通过数据中台建设，光明乳业在20多年来陆续建立的各个信息系统之间完成了数据打通。这一套数字化的基础底座，为新零售业务的创新性打法提供了坚实可靠的系统保障。同时，与阿里之间广泛的合作，为光明乳业带来了诸如淘宝直播、品牌兑换卡、周期购、数字化农业分销体系、旗舰店2.0、会员粉丝人群运营工具等资源，促使光明乳业建立起数十种营销手段和八大购物场景，完善了光明乳业的零售生态，给消费者带来了丰富的互动空间。

当消费者从"老"品牌中获得了"新"体验，可以用更便捷、更有趣的方式，喝到新鲜优质的牛奶，光明乳业的疫后"逆袭"，也就不足为奇了。

全域打通，强化全产业链运营能力

外界很容易看到光明乳业在渠道端的进步，但对于光明乳业而言，这只是整个企业数字化转型的一部分。按照光明乳业的计划，数字化转型项目将分为三期，第一期重在新零售环节的数据基础设施构建，第二期会对传统渠道进行数字化赋能，而到第三期，则会在一、二期持续迭代的基础上，横向打通牧场—工厂—物流—销售的业务数据，基于算法不断优化产销协同。

也就是说，从更深刻、更全局的视野来看，光明乳业希望实现的，是打通研、产、销、服全产业链的数据，建立一体化的企业信息化管控平台，并依托平台的大数据分析处理能力，更好地去做精准营销、库存优化、供应链优化、产销协同等工作，提升各层级决策的科学性、有效性和快速反应能力，提高资源的利用效率，达到节约成本、增强竞争力和企业可持续发展的目的。

具体而言，随着数字化转型的向前推进，光明乳业的经营全流程正在发生这样一系列的变化。

首先，在研发环节，过去的流程是产品部门根据经验和市场上的调研报告来设计新品，存在的问题是决策的科学性和及时性都会打一些折扣。但在数字化转型的推动下，光明乳业正在通过直接和消费者互动来共创新品。在研发阶段，光明乳业就请消费者来盲测口味和包装，看哪款产品的市场接受程度更高，同时结合消费者购买和行为数据分析，指导产品研发。

其次，在生产环节，当前光明乳业已经拥有全世界最大的液态奶单体乳品加工工厂（华东工厂年产量60万吨），也实现了从奶源到预处理、灌装的自动化生产。而由于数字化转型的深入，光明乳业已经推出了全产业链追溯平台，可以将牛奶从哪一个牧场、什么时段挤出来，到达哪个工厂进行生产，在什么时段进入物流环节，都完整地记录下来。产品可溯源，将极大地为制造环节的管理精细化提供便利，更有助于产品的质量管控，让消费者喝得更放心，让光明"新鲜"、优质的口碑得以久久传扬。

再次，在物流环节，光明乳业通过数字化，对每个仓库进行实时库存管理，当市场有需求时，可以快速匹配最近的仓库进行运输，以保证产品的新鲜度。并且，当数据量达到一定程度，光明乳业可以通过模型的计算，对各个区域的销量进行预测，并据此进行仓储布局、运输路线的优化，以实现最高效、最经济的仓储物流方案。

然后，在营销和销售环节，通过消费者购买行为的分析和预测，可以对消费者进行精准分类，并给出更有针对性、更加贴心的服务，一方面促成交易，另一方面也使消费者获得满意的消费体验。同时，光明乳业搭建会员体系，为光明乳业会员提供专属产品和服务，带给会员更多福利和快乐。

最后，在用户服务环节，一位消费者的投诉可能涉及很多部门，有销售，有物流，有生产，过去光明乳业客服部门通过表格记录投诉，然后要和相关部门进行电话沟通，环节多且相对低效。现在，光明乳业已经能够在线自动生成工单，派发给相关部门和人员，将所有的处理过程与结果记录在案，最终形成统一的报表，这一方面给了消费者良好的售后体验，另一方面也给了管理者一个有效的工具。

光明乳业数字化转型小组组长王伟说："通过数字化转型，我们最终的目标是实现全产业链的数据打通，追溯从奶牛产奶的第一刻到消费者喝奶的最后一个环节的全部数据，一方面保障牛奶的品质，另一方面让各个环节快速看到市场的变化，迅速调整研发、生产、物流、销售和服务，把握市场机会。"

善用工具，实现高效管理与文化重塑

对光明乳业而言，数字化不仅是优化企业经营全流程的利器，也是改善组织阵形、流程制度，甚至重塑企业文化的重要推动力。

光明乳业是一个历史悠久的国企，厚实的传统培育了它重视产品质量、经营踏实稳健的优秀基因，但与此同时，也使光明乳业多多少少存在决策链条长、经营灵活度不够的缺点。21世纪初以来，因低温奶、常温奶的战略选择问题，光明乳业遭遇了来自北方的伊利、蒙牛等企业的强力竞争，市场空间受到挤压。面对强大的竞争对手，如今的光明乳业一方面通过深耕产品，在低温鲜奶领域打造标杆性大单品，以顺应消费升级的趋势，另一方面也通过数字化的手段，来变革自己的工作方式和管理体系，以提升工作效率。

数字化首先将推动工作方式的根本性转变。过去，光明乳业内部建立了不少信息系统，但彼此独立，不能互通，有许多信息还需要手工填报和归总，部门之间的沟通协作也往往以离线的方式进行，这就影响了工作的效率和效果。如今，光明乳业的数字化转型引入了钉钉、Teambition等工具，把所有的内部流程在线化，而且由于底层数据打通和可视化程度的提高，很多工作的流程、节点、结果都能快速直观地呈现出来。在未来，光明乳业还会陆续把OA办公、差旅申请、员工学习平台等都搬到钉钉上，进一步推动移动化和集中化，让办公协同的效率更高。

更重要的是，数字化将推动管理理念的变化，提升管理的科学性。传统的管理决策体系比较依赖于人的经验，这其中就存在一个悖论：有经验的人往往处于较高的管理层级，远离市场的"炮火"，无论是反应时间，还是决策的准确性，都很有可能跟不上实际情况的变化；而直接面对市场变化的基层，或者经验不够，或者授权不足，没有能力实施决策和组织应对。数字化的好处是，能将反映客观情况的底层数据实时呈现出来，让各层级人员看到"同一个事实"，减少信息传递过程中的损耗和变异，缩短决策链条；同时，大数据的智能化处理，还能给出超越个人经验的最优解，这显然能对管理、决策的科学性提供更强有力的支撑。

当工作方式得到改变、管理理念发生变化，企业文化的重塑就成为一种必然。传统科层式的，决策链条、执行链条单向流动的格局将会渐渐淡化，人们将更加注重以数据实时表征的经营结果为导向，多中心、自主决策、高效应对市场变化，使光明乳业这个大象般的庞然大物，同时拥有羚羊般矫健的身躯。

当然，由于数字化转型要变革的是人的观念，甚至要变革组织、变革文化，对老员工比较多、思维惯性比较大的传统企业来说，绝不是能够一蹴而就的事。光明乳业在组织推动上，就下了很大的力气，成立了数字化转型办公室，通过培训、工作坊、业务实践等方式，向员工传递数字化、智能化的理念，帮助员工提升认知，适应变革。

或许可以用光明乳业董事长濮韶华先生的一段话来作为本文的结尾："光明乳业作为百年乳企，我们始终致力于打造全产业链核心竞争优势，坚守品质初心，希望能通过数字化转型，让光明乳业在新鲜领域更进一步，对于光明乳业而言，数字化转型，不仅是一路领'鲜'，未来更是光明可期。"

晴空一"鹤"排"云"上：
以数为翅的中国飞鹤

飞鹤是在数字化转型方面较早觉醒、较早付诸实践的企业之一，其最初需求是点状的，是为了解决存量客户运营问题，是为了洞察、理解、匹配客户需求。但在这一步走出去以后，飞鹤逐步发现数字化转型的应用场景不只在营销端，而且在生产上可以实现智能生产，在管理上可以实现快速决策，在供应链上可以实现精准溯源……这样的场景还有很多，数字化的意义就被不断放大了。

飞鹤案例的另一个比较典型的意义在于，它也经历过众多中国企业容易步入的转型误区，希望像采购大型设备一样，一次性采购完美的数字化解决方案，解决自身的所有问题。如果是秉持这种思维，企业转型很难取得理想结果。几乎所有成功案例都表明，数字化转型是首先要进行思想意识转型，数字化技术只是手段和工具，企业本身在数字化转型中要发挥"驾驶员"的作用，而数字化技术实际上只是提升动力，如果方向有偏差，仅依靠动力，跑得再快也不能到达终点。飞鹤很快意识到这个问题，并做出了合理改变，这是值得其他企业借鉴的。

——吴志刚/赛迪智库信息化与软件产业研究所所长、
中国软件评测中心副主任

第二章　服务智能化，让运营变得场景化

危机之前

2018年，中国婴幼儿配方奶粉行业正在面临一个危险的时刻：关系着行业空间的重要宏观变量——新生人口数，发生了重大的逆转。

行业中的翘楚——黑龙江飞鹤乳业有限公司（以下简称"飞鹤"），当时正在启动港股上市程序。根据飞鹤后来招股书中披露的数据，其在2016—2018年分别实现营收37.24亿元、58.87亿元、103.92亿元。也就是说，在3年间，飞鹤的营收年复合增长率高达67.0%。而艾媒咨询的数据显示，同期我国婴幼儿配方奶粉的市场规模从1571亿元增至2221亿元，复合增长率约为18.9%，两相比照，可见飞鹤的增长之快。

然而，火热的业绩背后，是意味着"凛冬将至"的寒风。

飞鹤近年来的高速增长，有2016年婴配粉注册制对中小产能的出清因素，有其孜孜不倦推动国产奶粉高质化的口碑因素，但更不可忽视的，是重要宏观变量——中国新生人口数的稳中趋进。在2016年以前，中国新生人口数长期稳定保持在1570万以上，并在2016年施行"全面二孩政策"之后，当年上冲至1786万的阶段高点。然而，仅仅一年之后，该指标便掉头向下，到2018年，更是跌至1523万，出生率为中华人民共和国成立以来最低。

更令人忧心的是，这样的下降可能是趋势性的，而非暂时性的。与中国一衣带水的邻邦日本，尽管政府一直在出台鼓励生育政策，包括托幼免费、儿童津贴、医疗费用补贴，几乎承包了儿童从幼儿到大学的所有学费，却仍然难挡出生人数自1975年后逐年下降的趋势。而今的中国已经露出这样的苗头，尽管生育限制不断放开，年轻父母们却因抚养压力大、观念变化等，越来越拒绝生子。在一次12万人的生育意愿调查中，选择"不生"及"生1个孩子"的人达到43%——甚至有15%的被调查者选择"不生"。观察者们惊呼:"年轻人连一孩都不愿意生了!"

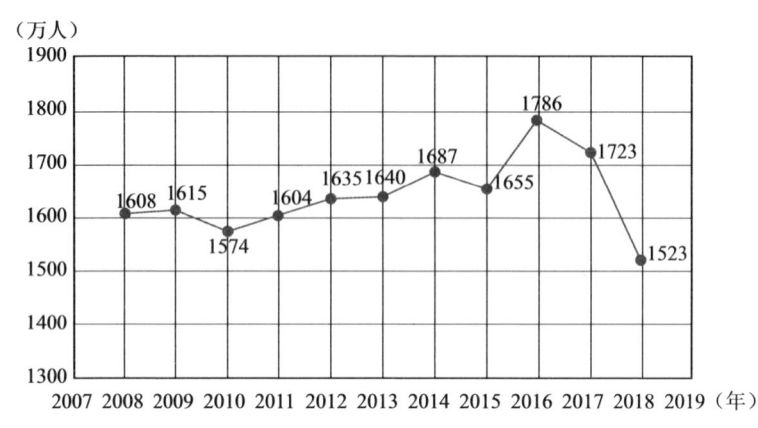

```
(万人)
1900
1800                                1786
1700              1604  1635 1640 1687      1723
        1608 1615          1655
1600         1574                       1523
1500
1400
1300
     2007 2008 2009 2010 2011 2012 2013 2014 2015 2016 2017 2018 2019 (年)
```

我国2008—2018年出生人口数

数据来源:国家统计局。

无论是飞鹤董事长冷友斌还是总裁蔡方良,对飞鹤亮眼业绩背后将要面临的挑战,都早有预料。在新生人口数趋势性下降造成的行业空间约束面前,飞鹤想要继续保持稳健的增长,仅靠原来的体系进行惯性式发展,已经不够了。

此前,飞鹤的策略是努力开拓新客户,追求增量,并取得了较好的成效,多年来已积累起数千万的忠实会员。但在行业空间约束、拓新难度增大的当下,强化拓新以外的另一条腿——存量客户运营,就成了必然的选择。

然而,在传统的IT架构下,由于条块彼此分割,标准各自独立,数据不能打通,经营端口难以协同,企业回答不了诸如"你是谁?你在哪里?你做过什么?你想做什么?"的一系列问题,想要深化存量客户运营,就成了一句空谈。

要解决这一问题,可能唯有借用互联网思维、数字化手段。在过去的几年，冷友斌对大消费行业的数字化趋势已有深刻认识。有一次，在面对记者"要不要进行数字化转型"的提问时，他斩钉截铁地回答道："所有企业都得做数字化转型。你不进步就要落后，落后就意味着要被淘汰。"蔡方良在早年就重视业务与互联网的结合，曾经这样论断："它（互联网）会造成比较大的影响，会造成整个渠道的巨变。"

就在这样的思考背景下，2018年初，当飞鹤与阿里云不期而遇，了解到利用数据中台进行客户运营的方法论时，飞鹤的管理层眼前一亮。

"其实我们聊过很多潜在的合作伙伴。"飞鹤信息化部门负责人坦率地承认，最初阿里云并不是唯一的选择，"我们考虑的出发点，一方面是需要一个大数据的平台，另一方面，是希望有一个数据处理的方法论。我们希望选择一个对零售业务有深度理解的合作伙伴，相对而言，阿里是最合适的。"

此时，飞鹤管理层尽管对整体IT架构如何变革还处在思考阶段，但对数字化转型的大方向已经坚定信念。2018年年中，飞鹤与阿里云团队正式合作，进行数据中台一期的建设。

越过山丘

项目真正推进起来，远没有那么顺利。仅在讨论数据中台方案时，双方就磨了几个月的时间，以至一直到2018年11月，数据中台才正式启动建设。

反复打磨的根本原因在于认知差异。虽然对项目目标，双方早已达成一致，即数据中台一期主要定位营销端的数字化改造，要将业务流程和消费者触点全部数字化，形成的数据汇聚于搭建在阿里云上的数据中台，并对大数据进行智能化的处理分析，以赋能前端的业务运营。但在各类场景设计上,双方的理解是存在显著差异的。

这种认知差异,说到底,是阿里和飞鹤的业务差异带来的。阿里的零售业务主要集中于线上,因而对线上场景的理解和挖掘能力非常强;但飞鹤的销售网络起步于线下,基本盘也在线下,对线下门店、导购的场景需求很高。这样一来,两者之间存在一定程度的不匹配。

在反复的拉锯中,飞鹤管理层渐渐调整了预期,"我们希望找到好的大数据处理工具,希望找到好的方法论,这些是阿里能给我们的。但关于具体业务模型的搭建和深度思考,我们一开始希望(阿里)能够给予,但慢慢发现,它能给你一些行业上的实践,但不能(代替你)深入理解企业的方方面面。这一定要靠我们自己思考,依靠飞鹤把整个场景、系统和体系考虑清楚,基于业务目标把它们搭建起来。"这番话背后的含义在于,他们认识到,阿里云不是一个包治百病的"咨询机构",而是一个大有裨益的"思考伙伴"。

重新认知与合作伙伴之间的关系,对飞鹤而言,不啻一个"越过山丘"的过程。

此后,伴随着反复的讨论和碰撞,飞鹤的信息化框架逐渐丰满成型。最初仅仅基于存量客户运营而提出的数据中台建设需求,逐步扩展为一个叫作"3+2+2"的体系。具体地说,该体系以智能制造、ERP(企业资源计划)系统建设、智能办公"3"个具体 IT 项目为依托,以数据中台和业务中台"2"个中台为统一支撑,支持新零售和智慧供应链"2"个核心业务目标的实现。

飞鹤非常清晰地认识到,IT 规划如果仅仅着眼于项目建设,那最后的成果一定是片面的、局部的,因此,一开始就要将最高的业务目标作为 IT 规划的指南针。所谓的新零售和智慧供应链,实际上是以飞鹤为中间节点,分别对下游和上游链条进行数字化、智能化的改造。而实现这两个终极目标的基础，一定是整个集团全业务、全流程、全触点的全面数字化，这就形成了 3 个具体 IT 项目的核心目标。而在建立全面的数据源的同时，要能够提升大数据处理的能力并将之全面赋能业务条线，这必须依赖双中台。

在全新 IT 体系规划的指引下，飞鹤的项目推进有条不紊。2018 年 10 月，飞鹤企业内部 ERP 系统建设启动；2018 年 11 月，数据中台建设启动；2019 年 9 月，数据中台一期（营销数据中台）验收上线；2019 年 10 月，数据中台二期（供应链数据中台）启动；2020 年元旦，企业 ERP 系统全面上线；2020 年 5 月，业务中台建设启动……

与项目的推动同步壮大的，还有飞鹤自有的 IT 力量。2018 年，飞鹤的 IT 信息部编制只有 30 多人，其中开发人员只有七八人。一年半之后，在冷友斌、蔡方良的全力支持下，这个部门扩编成了信息中心，人员编制扩张到百余人，开发人员多达 60 余人。正是这支不断充实的队伍，支持了飞鹤在数字化转型道路上的全速挺进。

双中台的威力

对已经上线运行的数据中台一期项目，飞鹤管理层对此评价颇高。对外界，他们用凝练的 10 个字来概括其成效——同源、敏捷、预知、倒推、双向。

同源：数据中台用数据直接说话，使所有人站在同一语境下看问题，避免了传统的上传下达机制中难以避免的信息"过滤"问题。

敏捷：数据中台可以做到数据的实时体现，突破了手工录入或者传统 IT 系统的静态特征，有利于企业敏捷地做出决策。

预知：预测机遇及预警风险。传统的信息系统是"0/1"式的，即只有"是"或"否"，无法针对连续的数据源进行深度学习，从而掌握预判能力，但数据中台则可以实现。

倒推：运用数据中台的分析能力，可以透过业务数据判断业务表象的真伪，倒逼组织提高运营效率和质量。

双向：数据中台可以把数据汇总以后进一步产生数据价值和数据能力，再将数据能力赋能给前端业务系统。

"在营销端，我们认为最重要的两件事就是增量的获客和存量的运营。原来我们的存量运营做得没那么好，核心原因是存量运营需要数据支持，而我们不知道用户是谁、从哪里来、想要什么，就无法做存量运营……有了数据中台以后，我们存量运营的工作做得更加深入了。比如说，我们能够将一个全面深度的用户运营最佳实践沉淀在系统中，让所有的导购都能够通过系统和数据，了解任何一个客户处于什么阶段，应该采用何种服务方式。把这种能力给到营销端，让营销真正地从经验营销转向数据驱动的智慧营销。"飞鹤某位业务领导分析道。

营销数据中台的上线，推动飞鹤成立用户运营中心，大大提升了存量运营的能力。且不谈销售数字的增加，CRM（客户关系管理）系统的"焕然一新"就很好地印证了这一点。

和大多数企业一样，飞鹤原先使用的CRM系统是一个非常静态的IT系统，其使用场景局限在"400"电话，解决的只是了解"你是谁"的问题，基本上无法与其他系统产生有意义的交互，在几年间也没有任何新增的开发需求。但是数据中台建立起来之后，飞鹤在前端设计了70多个消费者触点，包括官网点击、线上搜索、线下活动、门店导购等，并将所有的前端系统数据连接到CRM系统。由于大量数据交互形成的刺激，2020年，针对CRM系统的开发预算猛然跳增到 600 多万元。

营销数据中台的成功，大大强化了飞鹤数字化转型的决心。2019 年 10 月，就在数据中台一期项目刚刚上线一个月后，数据中台二期也启动了建设，截至 2020 年 11 月，已经部分接入试运行。

这一部分是为打造智慧供应链而服务的。按照飞鹤的设想，飞鹤首先将整个供应链及生产的过程全面数字化，然后通过数据中台的能力将数据使用起来。这种能力可以递进划分为 4 个层面。

第一层是要有全面的数据分析能力，比如突破传统的生产库存管理——将采购、生产、经销商等全域的库存管理起来，具备全域数据的拉通能力。

第二层是对整个供应链及生产，能够建立一套完整的指标体系，进行全局化的管理和监控，而非传统上的用几个简单指标来判断。

第三层是通过深度学习的方式，从更智能化的角度去预测预警。比如传统的生产管理中，信息系统监测指标只能判定"是"或"否"，如果某一管道报告菌落超标，这一批次的产品就要全部报废；而引入数据中台后，它能够监测菌落浓度的波动，在其刚刚出现异常趋势之时，就可以预警并提前处置。

最高层级的要求，则是将智能算法贯穿全业务链条的上下游，从终端需求预测，倒推计算物流发运路线、生产计划排程等，给出最经济高效的解决方案，形成全域的智慧供应链管理能力。

跳出飞鹤的视角，对社会来说，这样的系统也有着很高的价值。由于供应链数据包含追溯系统，可以将奶粉生产的全链路（上至奶牛产奶，中至原奶制粉，下至渠道流通）完全打通，这样就可以高效面对政府部门监管、面对消费者，让质量溯源更加可靠。

飞鹤现代化智能工厂

飞鹤自有牧场，通过数字技术实现对奶牛生长和产奶情况的精准检测

对 2020 年 5 月刚刚启动的业务中台建设，飞鹤管理层也有着清晰的规划。

"我们认为对一个传统快消企业来说，主要的几大块——ERP 也好，智能制造也好，包括渠道如经销商管理、终端管理、导购管理、消费者管理也好，都应该划分在业务中台的边界内。我们希望通过业务中台，将线上线下的业务真正地、充分地融合起来，这是我们对业务中台的定义。而且我们认为，业务中台一定是一个公司最个性化的部分。相对而言，ERP 和生产的管理模式是比较标准化的，业务中台的变化就比较高频，它要能够配合前端的业务和市场，并随之变化。"

根据阿里云工程师的介绍，飞鹤也是阿里云自研业务中台商业化的第一个客户。飞鹤定制的这套业务中台，能够打通会员中心、订单中心、仓储物流中心等几个大的中心，作为底层中心的调度平台，支持飞鹤做产品和运营的创新。

举个简单的例子，在疫情期间，由于很难到门店购物，一个新疆的消费者可能会在天猫上买飞鹤的奶粉。但一方面大家都在线上购买，消费者可能抢不到商品；另一方面，飞鹤的电商仓可能在上海，从上海发货到新疆，流程很长。未来业务中台上线后，由于其具备自动调度能力，可以做到消费者在天猫下单，系统自动调配给新疆门店发货，这就大大增强了飞鹤的履约能力，也提升了消费者的购物体验。

领头羊的远望

2020年，尽管有疫情的干扰，飞鹤的发展势头却并未停顿。截至2020年底，飞鹤的市值突破1600亿港元。仅以市值为标准，其在全国乳制品行业已稳稳地"坐三望二"，在婴配粉行业更是稳坐第一，是无可争议的行业头部企业。

头部企业就要有引领行业的格局。在飞鹤高层看来，不只是在业务方面，在数字化转型方面，飞鹤也应该具备由己及人、带动产业链的能力。

"我们当前还是更加专注于建设飞鹤集团内部的这种IT能力、数据能力、系统能力和优化运营能力，这是我们现阶段的目标。但到下一阶段，我们希望将这种数据的、系统的、业务的能力，延展到上下游的合作伙伴中，帮助他们建设起这样的能力。"

这种念头生发的缘由，一方面是作为行业领头羊的责任感，另一方面也是数据能力的提升带来的。

在疫情期间，飞鹤的数据中台对整个流量有持续的监控，发现线上流量大增的同时，线下却受到了不小的冲击。线下的这些经销商作为飞鹤前端业务的重要场景，也是飞鹤希望共同成长的合作伙伴，但由于缺乏线上的数据能力和运营能力，他们对这一挑战应对乏术，而这显然不是飞鹤希望看到的。飞鹤通过对疫情的思考，启动了业务中台建设，帮助经销商伙伴构建全域运营能力。

除了对下游渠道端的扶助，对上游供应源，飞鹤同样希望延长数据链条，形成数据体系。这样的全链路数据打通，可以对提升前端供应商的生产与研发能力，让供应源更安全、更健康、更贴近消费者需求，起到显著的正向推动作用。

通过将数据能力全面延展到上下游，飞鹤想要实现的未来场景，是拉通从供给到需求的全链条数据，实现与消费者最贴近、最高效的双向交互。一方面，飞鹤要能从一系列的数据中探知消费者需求的变化方向，把这种诉求快速地调整到供应链中，调整到生产和研发中，调整到网点部署和物流发运中；另一方面，飞鹤要把自己最前沿的研究，例如最新营养元素的研发，快速地宣导给消费者端。

由此，飞鹤将更加深入地感知消费者需求，更加清晰地透视自己的产销链路，更加及时地调整自己的运营安排，让传统商业模式下的"长"链条变"短"，"慢"反应变"快"。这让我们深信，业已十分庞大的飞鹤，将借助数据这双"翅膀"，更加轻盈地振翅高翔。

科技赋能新保险：
中华财险的数字化转型

在所有的行业中，金融业是"云化"难度最大的行业之一。这并不是因为金融业的信息化基础不好，恰恰相反，由于金融业对信息准确性、安全性的要求最高，它的信息化建设历史较长，结构十分复杂，容错性又很低，因此很难进行系统性的改造。

从这个角度来说，中华财险的数字化转型确实有很强的示范效应，因为它突破了传统上的分步建设系统，根据新增需求不断打补丁的开发模式，而是从基础架构到应用层级的全面改造，这种"毕其功于一役"的做法，从短期来看需要配置更多资源，企业压力较大，从长期来看却有利于后续的业务升级。而且，中华财险以"破釜沉舟"的决心，全面动员组织架构和业务流程向适应数字化的方向转变，说明它已经意识到，数字化并不是一个单纯的技术应用问题，而是技术、业务、管理三者融合的问题——而这也是很多企业在数字化转型中容易忽视的一点。

——刘伟光/阿里巴巴集团副总裁、阿里云智能新金融事业部总经理

老国企的新思路

一年以后,当阿里云的项目团队负责人回忆起那个电话时,他的语气中仍然渗透着当时的那种焦灼。

"我们进场才一周,客户的一个处长给我打电话:'小×,这个项目我们是一起努力的,但是这第一个星期你们真是太让我担心了。我们董事长亲自签章让所有部门负责人配合你们调研,将近十年来我们没有对一个IT项目重视到这种程度,你们能不能认真一点?'那个电话打完我就有点儿崩溃,我跟我团队的人说,不要刚开完欢迎会,就要吃散伙饭了。"

在阿里云涉足企业数字化转型的短短几年间,这个让团队负责人"崩溃"的项目是数得着的"高难度动作"。其难度首先在于转型方法论在业内是完全的创新,无任何先例可供参考借鉴;其次在于系统改造的深度、广度均为业内罕见,表现在最终确定的合作金额,亦为截至当时的行业第一;此外,合作双方的企业文化、思维方式也存在差异,类似于"电话诘问"这样的小细节,无非是这种差异的外在表现罢了。

发起这个"高难度"项目的合作方,就是中华联合财产保险股份有限公司(以下简称"中华财险")。

中华财险,前身为新疆生产建设兵团农牧业保险公司,是中华人民共和国成立以来的第二家国有控股保险公司,2002年经国务院批复同意,冠名"中华",成为全国唯一一家以"中华"冠名的国有控股保险公司。截至2019年,按保费收入排名来看,中华财险处于产险公司的第二梯队,排名市场第五(其中农险险单险种排名市场第二)。

尽管市场地位"比上不足,比下有余",但这家老国企的新管理层,并不打算故步自封。2018年10月,人保财险老将徐斌空降中华财险。到任后不久,在摸清系统老化的现状之后,徐斌果断掀起转型风暴,在

2019年筹备成立了创新研发中心,打算在IT系统甚至核心业务系统上"动刀子"。

对于任何一家公司来说,核心业务系统都不是一个可以轻易变动的东西。核心系统的变化,往往意味着经营理念、业务流程和组织架构的变化。但是,中华财险的高管们已经认识到,公司到了"不得不改"的时候。

这种驱动力一方面来自外部。保险行业持续的改革控费,使得传统的费用驱动型经营模式变得难以持续;国家政策全面推动数字新基建在金融领域的应用,监管机构要求财险业务在2022年实现线上化率超80%;而在金融科技方面快速进步的同业头部企业,甚至互联网巨头等异业企业,都在以更高效的方式参与市场竞争,挤压市场空间。另一方面则来自内部,2019年,由于狠抓业务推动,中华财险的增长已经高于行业平均水平,这对IT系统的灵活性和可靠性也提出了更高的要求,但这显然是目前的IT架构难以支撑的。

"中华财险是传统的国有企业,IT架构用的是很久之前的技术,系统建设偏向业务,没有做底层技术平台的建设,这就使得架构比较混乱,系统相互割裂。比如说,在多个系统内,同一个客户是分别做记录的,不同系统之间不连通。那就导致我们想从以产品为中心向以客户为中心转型的时候,IT系统成了一个瓶颈。因此,我们需要重新思考未来新一代核心系统架构的设计。"中华财险总裁助理王永祥解释说。

变革决心已下,中华财险开始了漫长的选择过程。它拜访了解市场上的IT解决方案,但感觉这些方案都不能完全匹配公司的转型需求。在选择过程中,中华财险的需求越来越清晰——期望全面应用云计算技术,提升业务响应速度。经过第一轮接触,阿里给某家互联网财险公司做的中台实践方案进入中华财险的视野,引发了它极大的兴趣。

但兴趣归兴趣，相比案例中的保险公司，中华财险的"块头"更大，业务种类更杂，场景也更偏线下，直接照搬是不行的。IT架构是牵一发而动全身的大事，阿里到底能不能帮助中华财险完成架构转型，双方心里都没有底。于是，双方决定先做一个核心系统规划项目，希望借此打磨出一个可以落地的方案。

突破险阻

就在双方摩拳擦掌，准备大干一场之际，一些隐藏的沟壑却渐渐显现，令项目的推动数度经受考验。

最早的障碍，就来源于双方在专业和文化上的差异。在最初的大调研中，尽管中华财险极尽配合，阿里云也派出精兵强将密集调研，在一周内访谈了超过20位部门负责人，但是，国企的严谨、讲规矩和互联网企业的相对自由之间，金融机构对业务的高要求和技术公司对业务的相对外行之间，还是产生了不少矛盾。于是，也就有了本文开篇那句"你们能不能认真一点"的"质问"。

阿里云当然不是不认真，而更像是熟练工面对新机器时，那第一眼的"无所适从"。金融机构业务的精细程度高，IT系统本身又特别复杂，而且对数据安全的容错率极低，要对其核心系统进行全面改造，同时又必须确保其核心业务平顺过渡，挑战不可谓不大。此后，"醒过神"来的阿里云团队，一方面加紧学习保险行业的专业知识，另一方面则向上寻求调动资源，将阿里集团旗下的其他相对专业的力量充实进团队中。

另一方面，中华财险内部对数字化转型的认知，也是参差不齐的。

传统金融国企在组织架构和思维惯性上对业务是以条块划分的，这和阿里云架构中数据打通、业务打通、以客户视角为中心等原则直接相悖，导致双方很难在同一个语境下对话。

好在中华财险的核心高管层对转型的必要性看得很清楚，徐斌用"破釜沉舟，不惜代价"来定义和推动这次转型，项目组则在宣传和动员上费尽了心思。一方面，他们请阿里云的团队来讲课，特别是将高级管理人员送到阿里云大学接受培训，学习互联网企业的组织方式、运营规则等，逐渐扭转传统国企的思维惯性；另一方面，他们在内部展开高频的宣导，包括召开月度宣讲动员会、悬挂标语和倒计时牌等，提升全员对数字化转型的认知。

得益于双方的同向而行，2020年年初，双方对IT系统的转型方向已经达成共识，接下来就需要深入沟通具体的执行方案了。可就在这时，新冠肺炎疫情不期而至。

"最大的困难就是2020年初疫情对我们的影响，因为大家面对面的交流和沟通产生了很多困难，导致整个进度被影响了。"中华财险项目组的成员说，"但是阿里的伙伴对事业的勤奋精神，还是很令人感动。项目的主要负责人疫情期间一直在我们公司，帮我们协调各种各样的资源，给我们国有企业上了很好的一课。"

除了敬业精神，阿里体系的支持也是克服疫情的最好武器。为提高沟通的顺畅度，双方团队利用钉钉系统构建起了线上交流的机制。在钉钉上，除了实现系统设计、需求沟通等的在线交流，中华财险还为员工组织了100多场线上培训，以加深员工对未来新架构的理解。

尽管面临重重险阻，但"办法总比困难多"，基于对转型必要性的认识，基于双方共同作战后形成的深度信任，最终的合作框架及协议终于达成。2020年6月1日，阿里云宣布与中华财险达成协议，将帮助中华财险构建新一代全分布式核心系统，开启行业数字化创新的先河，而合作金额将近7亿元，也是截至当时的国内金融云领域第一大单。

立竿见影

中华财险与阿里云的本次合作，最大的意义并不在于合作金额的大小，而在于，这是全行业迄今为止唯一一次利用云计算技术从基础架构到业务应用层级的全面重构，它改变了行业原有的小成本定制软件、后续不断根据新需求迭代开发的模式。这不仅仅是中华财险，更是整个保险行业革命性的模式创新。

由于前期双方交流充分，在确定具体实施方案后，阿里云团队正式进场工作，并很快取得了阶段性成果。

第一，阿里云联合中华财险开始全面建设其新一代核心系统，这将包括对保险业务中台、前台及 SaaS（通过网络提供软件服务）层应用系统的重构。这一系统的建设，将全面打破其原有的烟囱式分布的系统架构，灵敏调用全域数据，提升营销水平、服务水平和产品快速定制上线水平，提升风险防控的能力。

第二，由于中华财险原有的服务器已经难以顺畅承载现有的业务量，因此阿里云将其 IT 系统向公有的金融云上迁移。金融云具备高弹性、高可靠的特性，将有助于业务平稳开展，同时由于是按量付费，因此运维成本反而相对降低了。

第三，阿里云团队帮助中华财险做了一些移动端的应用，包括农险承保理赔、在线理赔等，能在短期内迅速提升其营销展业和服务的能力。

尽管项目整体还在建设过程中，但已经交付的一些系统和模块，还是起到了立竿见影的效果。根据中华财险的介绍，2020年"双11"期间新保单签约出现峰值，但中华财险的系统由于已经搭建在阿里的金融云上，平顺地经受住了考验。

2020年9月，监管部门发起实施车险综合改革，这就要求各家保险公司快速调整自己从承保到理赔的整个流程。由于部分借助了阿里云的能力，中华财险成为业内第一家顺利通过银保信平台验收的保险公司，获得了监管部门的表扬。

IT系统变化带来的影响不只是在业务层面。在组织文化层面，中华财险也启动了变革。随着业务中台的设计推进，中华财险内部已经开始对业务流程进行重新梳理和再造，这就涉及组织架构可能的变化。一方面，新的组织架构调整方案已经在紧锣密鼓的设计中，考核方向也会根据新的组织形态做出调整；另一方面，中华财险也充分利用阿里体系内的培训资源，对内部进行分层级的培训，以期将4万名员工的转型步伐协调统一起来。

新科技，新保险

在中华财险董事长徐斌看来，保险行业的未来，将注定与数字科技紧紧地拥抱在一起。

"数字新经济是什么呢？就是拿新的技术把原有的商业模式重新看一遍，看看有哪些环节是可替代、可改进的，能够提升效率、节约成本，我们就拿来用，提升经营能力，造福消费者。这是大的趋势。"

而具体落实到保险业，行业现状已经形成迫切的倒逼。"我初入保险业的时候，财产险费率基本上在千分之一至千分之二的水平，但现在已经到了万分之几甚至十万分之几的水平了。"就在几个月前，由于车险综合改革的推进，在占整个财产保险市场70%份额的车险领域，单均保费已经下降了17%，将进一步加速行业分化：大公司的分水岭、小公司的生死劫。

要闯过市场空间压缩这道生死关口，无非是降本和增效两条路。在传统的费用驱动型模式下，降低成本往往意味着市场份额的丢失，只有借助大数据和人工智能的力量，突破传统的大数法则定价，采用更为精准的定价方式，才能真正有效降低成本；而要提升效率，就必须提升新产品开发效率，创造业务新场景，营造好的客户体验，以提升客单价和复购率。这些方面的转变，都离不开数字化转型的赋能。

好在中华财险已经率先走上了这条转型之路。可以预见，当其业务中台底层建设完成之后，由于具备大量通用功能及大数据的沉淀，系统能将以往不断线性重复的市场调研、产品设计、定价、IT实施等动作大幅压缩，把新品开发周期从两个月以上压缩到一两周。同时，由于数据更畅达，系统更敏捷，无论是营销、承保还是赔付，中华财险的业务人员都能够更及时、更准确地响应客户需求，为投保人带来更舒适的业务体验。

展望未来，徐斌满是憧憬："未来，我们能将线下的业务迁移到线上，在线上将一切经营结果数据化，然后再将数据化的成果反哺业务流程的再造。它将会形成一个正向的循环……我相信，数字化的趋势是不可逆的，整个行业未来会有更多公司主动来拥抱互联网，拥抱数字化转型。我们希望能够与阿里一起，为整个行业做一个示范。"

02

云上的中国智造

所谓"生产",既包括工业制造,也包括农业种植。两者皆为国之命脉,不可偏废其一。

美国之所以成为头号强国,一个重要原因是美国本土在两次世界大战中,均免遭战火。和其他主要大国相比,唯独美国可以在安全的环境下,源源不断地生产粮食和工业品,并且通过科技进步不断提高生产效率,成为第一、第二产业都发达的国家。

中国首次提出工农业现代化的发展目标,是在 1954 年。1964 年 12 月,周恩来在《政府工作报告》中正式提出"四个现代化"的长远目标:力争在 20 世纪末,全面实现农业、工业、国防和科技的现代化。

2020 年 10 月 29 日,中共中央发布《中共中央关于制定国民经济和社会发展第十四个五年规划和二〇三五年远景目标的建议》,文件多次提及"现代化",这个词也被赋予了新的时代内涵。文件明确指出,到 2035 年基本实现社会主义现代化。社会主义现代化包括新型工业化、信息化、城镇化和农业现代化,简称"四化同步"。

关于工业的表述,从"工业现代化"改为了"新型工业化",重点强调了由制造业大国向制造业强国进阶,即在机械化基础上向信息化和智能化发展,打造高端制造业,产业迈上全球价值链中高端。

关于实现农业现代化,文件强调了建设智慧农业,强化农业科技和装备支撑,提高农业质量效益和竞争力,构建起现代农业产业体系、生产体系和经营体系。

相隔50多年,我们对工业和农业的倚重没有变,对"现代化"的认识却有了天壤之别。科技创新成为提高社会生产力的第一动力,并以前所未有的广度和深度改变着产业发展模式。

当下,如果你希望感受工业现代化的脉搏,可以去看看汽车制造工厂、富士康流水线,也可以听听服装厂里的车工、家具厂里的木匠怎么说。

如果你想观察农业和现代化的距离,可以去看看华北平原的联合收割机、新疆的农药喷洒无人机,也可以去看看大凉山里的土豆、长白山里的松子是怎么被端上餐桌的。

然后我们可以盘算一下,距离实现现代化的第一个小目标,还有15年时间。这15年时间,中国的工业和农业将向何处去?

一个可以明确的答案是,向产业数字化进军——产业与数字技术深度融合,可推动生产、服务环节的精益化、智能化,提升生产效率和产品价值,助推"中国制造"向"中国智造"转型。

2020年,满目不确定性中,数智化转型升级成了大变局中几乎唯一确定的事——数字经济(包含两点:产业数字化,数字产业化)的共识,在倒逼中建立起来。

*

一位阿里云四川公司的技术人员告诉我们,他可能好几个月也在办公室碰不上有些同事。都去哪里了?他们内部有个说法,"数据工程师去到田间地头,算法博士来到厂矿锅炉旁"。

他举了个例子:阿里云和一家大型养殖企业合作研发"AI养猪",遇到一个行业难题——贪睡的母猪总是压死猪崽。为解决这件事,有一个工程师在猪场里蹲了3个多月,拿出了解决方案:在产床上安置麦克风,运用语音识别技术,分析出猪崽被压住发出的尖叫,通过产床震动"恐吓"母猪,并提示饲养员前往解救。用这个办法,每年每只母猪生下的猪崽多存活3只。要知道,近两年猪肉价格不菲,3只猪崽的价值,相当于一台旗舰机型的国产手机。

这位北京邮电大学毕业的计算机工程师后来在项目总结里写道:"要想真正帮助传统行业,必须弯下腰跳进猪圈、走进牛棚、去到田间才行。"

就在最近几年,物联网、云计算、人工智能等"新科技",开始深入产业领域。正如我们所看到的,数字技术赋能传统产业,绝非停留在写字楼里研讨,形成一纸方案,而是"绝知此事要躬行"。只有去到田间地头和工厂车间,熟知行业痛点,从业务需求着手,对生产场景精准把握,更懂技术,也更懂行业,双管齐下,不断迭代,才能做到技术与行业的双向、深度融合。

对工业、农业领域的企业而言，科技公司给他们带去的，是前沿理念，是严谨算法，是可视的数据生产资料，是在线的管理工具，是全新的与用户交互的方式，是一套技术组合加创新方法论，可赋能企业运营的各个方面，带来创新与变革。

我们再来看看产业数字化的官方定义：在数字科技支撑和引领下，以数据为关键要素，以价值释放为核心，以数据赋能为主线，对产业链上下游的全要素进行数字化升级、转型和再造。

产业链上下游全要素数字化，山东省粮食产业是一个典型代表。自2018年起，山东省粮食和物资储备局与阿里云展开战略合作，探索山东粮食产业的数字化转型。双方不仅合力创新出以"好粮有网"为代表的"互联网+粮油"新模式，更进一步围绕着"优产、优购（收购）、优储（仓储）、优加（加工）、优销"的产业全链路，开启了全省粮食产业的"智能化新基建"，全面构建粮食产业互联网，促使山东粮食产业整体提质增效。

在这一篇章，我们将带你到"蔬菜之乡"寿光去看看。那里传统的塑料大棚，用工厂流水线的方式，以半自动化技术种植出了一棵棵蔬菜。还有"航天城"西昌，那里的炼钢高炉，对全流程工艺进行了 AI 优化，不仅每年节省数千万元成本，钢材的质量也得到了明显提高。在呼和浩特的奶牛牧场，物联网设备直接获取每头奶牛的数据，让它们成为中国第一批云端连接互联网的奶牛。

我们看到的"云上的智慧生产",只是数字中国的极小缩影。今天,一切都在数字化,数字技术正在以不可逆的态势,全方位渗透到各行各业的生产过程中,让很多行业拥有弯道超车、创新与领先的无限可能。

第三章
从农场到餐桌的数字化搬运工

流水线上的农民：
我在工厂种蔬菜

农业领域的数字化，前几年如同一片荒原，艰难与空旷。最近，我们才看到它冒出了点点新绿。利用农业高新技术和数字化技术"让农业增效、农民增收"，正在成为社会共识。

在技术创新方面，阿里云将支持农业科学家激活农业大数据，帮助农业生产者精准规划管理，提高农户的生产效益和资源利用率；在业务创新方面，阿里云将推动13个涉农业务，对接农业科学家的全产业链创新系统，用数字化打通"研—产—供—销—服"全链路。

——李津/阿里巴巴集团副总裁、阿里云智能全球技术服务部总经理

山东寿光，中国冬暖式蔬菜大棚的发源地，目力所及皆是密密匝匝的蔬菜大棚，而这里也正被数字化浪潮改造着

特殊的农民

朝八晚五，一周休一天，手机几乎不离手——27岁的李晨，看起来每天上着跟其他年轻人差不多的"班"。

不过，当亲朋好友询问他的具体工作，得到"用机器人种菜"的答复时，人们多少有些诧异。大家都知道，这个土生土长的寿光小伙儿曾经在青岛上大学，学的是土木工程，毕业后入职当地的国有企业港投控股集团，吃的是"国企饭"，没想到他竟然在种菜，更难以想象的是，有"机器人"帮他种菜。

在寿光，年轻人种菜并非稀奇事，因为这里是全国闻名的蔬菜之乡，蔬菜是当地的支柱产业，从业者众多。

有人曾在卫星地图上监测寿光蔬菜大棚的数量，一共有231764个，密密麻麻排列在寿光 60 公里长、48 公里宽的土地上。2019 年，寿光市蔬菜瓜果总产量超过 500 万吨。

对于这里的农民来说，种菜的收入相当可观。据统计，2018 年寿光农民人均可支配收入为 20627 元，而全国农民人均可支配收入只有 14617 元。近几年来，更是陆续有在外工作的 80 后、90 后返乡种菜，他们大多以家庭为单位种植大棚蔬菜，自负盈亏。

但李晨与他们不一样。他种菜的"大棚"并不属于个人，而是由港投控股集团与阿里云共同建设的。它有一个工业调性、科技感很强的名字——寿光阿里数字化蔬菜工厂。

仅仅是外观，就让前来参观的农民羡慕不已：棚区呈现如同电影里高科技实验室般的画面，安静整洁、明亮干净，这里没有泥土，温度、湿度、光照、空气均保持着让人舒适的参数。而在传统的大棚中，人们需要忍受闷热、泥泞、潮湿等各种不适。

更让农民们惊讶的是，李晨的农具里不仅没有锄头、镰刀等，甚至连大多数农活也无须自己动手。他只要在手机上划拉划拉，就能够指挥机器完成移栽、采收等工作。他从来不用看老天脸色，只需用手机控制温度、湿度参数，也不用操心风灾、雪灾、虫害。他甚至并不羡慕那些比他收入高的同学："因为他们付出的远远超过我，以我所付出的劳动力来看，薪水的性价比还是很高的。"

李晨在寿光农村长大，自小家里人就种植大棚蔬菜，他见过种大棚蔬菜的各种辛劳：冬天下雪得半夜去扫雪，遇雪灾时需要用人力撑住菜棚以免垮塌；夏天，一场水灾可以在顷刻间毁掉一家人半年的心血；为了抢摘大小尺寸最合适的黄瓜，农民们必须在凌晨一两点起床，并在 3 个小时内完成全部采摘，因为过了清晨 5 点，黄瓜的个头就会过大，卖不出"精品"的高价……总之，过程艰辛，且结果不可控。

1
寿光阿里数字化蔬菜工厂棚区内景,一改人们对蔬菜大棚的普遍印象,这里干净、整洁,空气中弥散着蔬菜的自然清香

2
根据传感器数据自动调节的棚顶,控制着蔬菜所需的光照。棚内的蔬菜,正在好好地长大

1
蔬菜工厂采用水培蔬菜的方式,既保证了蔬菜生产的安全性,又保证了其稳定性

2
育苗室内,"机械手"正在将被筛选出的优质菜苗整齐地铺进育苗格中

而现在，每天早晨8点半，李晨准时进棚，观察蔬菜生长情况，然后回到办公室写工作日志，记录各种参数，也记下自己的思考。

有时，他会一个人安静地坐在大棚里，看蔬菜无声地茁壮成长，看阳光雨露洒落，这是中国大多数农民无法享受的"现世安稳，岁月静好"。

而实现这一切的，正是数字化蔬菜工厂背后的物联网技术，以及一系列自动化设备的使用。

酷炫"流水线"

这个数字化蔬菜工厂位于山东省寿光市田柳镇，于2019年投入建设，包括数字化蔬菜工厂和数字化农业应用平台两个项目。

项目中的300米无立柱温室，是国内第一个利用冬暖式日光温室打造的数字化蔬菜工厂示范项目。按照规划，主要种植叶类蔬菜，品种可达到20余种，年产量20余吨。

2020年4月，项目一期正式投入使用。在进行市场调研及充分考虑技术上线情况后，生菜因市场需求大、重量尺寸适合大规模种植，成为首批种植品类。

工厂的集中控制站，相当于培育蔬菜的"大脑"，在里面可以看到农场的品类分布、种植点位及各种设备的运行情况。控制站通过监测温度、湿度、光合作用辐射等实时情况，指挥对应的智能设备工作，从而提高了种植效率，也提升了生菜质量，降低了人力成本。

在育苗室，被筛选出的优质种子整齐地铺在育苗格中，育苗员只需调整好育苗箱的参数即可。传统的育苗极其依赖外界的光照和温度，而这里采用了仿日光灯技术为种子补光，并通过控制湿度、温度等手段，将一个月的育苗时间缩短至两周，提高了育苗效率。

幼苗长到四叶一心时，便被移栽至工厂。移栽具体流程为：移栽机根据设定好的参数指令，将育苗盘放置到AGV（自动导引）小车上，AGV小车再将育苗盘送至指定苗床，最后由推盘机将育苗盘推到种植床上。所有操作一气呵成，无须人力。

接下来的30天成长期，只需两名工作人员进行日常管理。

其中最重要的灌溉和施肥工作，通过水肥一体机实现，李晨只需在与设备连接的手机上设置营养液的EC（电导率）值、水的pH（酸碱度）值及灌溉的频次。

在传统的种植方式中，肥料的浓度依靠农民的经验把握，浓度高了会烧苗，低了营养不够。但在阿里云数字化蔬菜工厂里，肥料浓度能够恰到好处，其他参数也可以达到适合蔬菜生长的最佳值。

那么，温度、湿度是如何实现自动化的呢？棚内装有各种采集数据的传感器，以及供工作人员监测的摄像头。当温度过高或者过低时，系统会有提示，并自动打开或者关闭棚顶的遮阳帘来降温或升温。

传统种植最难解决的病害问题，在这里也得到了完美解决。蔬菜工厂生产采用NFT（营养液膜）无土栽培方式，这意味着蔬菜生产过程与土壤和外界隔离。

蔬菜病害的主要因素在于重茬，即蔬菜在同一土壤中种了多次，这会导致一些病菌残留在土地里，从而产生土传病害，对蔬菜危害很大。水培蔬菜因水具有流动性，杜绝了土传病害的传播。此外，蔬菜工厂装有臭氧发生器，对营养液进行消毒杀菌，还有一些辅助手段，比如在通风口安装防虫网，把虫子隔绝在农场之外。在这样一整套科学的控制体系下，蔬菜工厂几乎可以做到零病害。

每一种蔬菜都有最适合生长的环境及水肥参数，传统的种植方式只能依赖农民自身的经验来把控，所以种植的成品往往良莠不齐。

在阿里云数字化蔬菜工厂，一切都可以标准化。它的物联网技术平台通过数据积累及算法挖掘，可以建立最适合作物生长的种植、环控、水肥等各种模型，从而实现标准化种植。

谁来种地，如何种地

"控制石油，就控制了所有国家；控制粮食，就控制了全人类。"如同美国前国务卿基辛格所言，粮食问题一直是全人类最关心的问题，上关政治权利的把控，下关普通百姓的肠胃。

但粮食问题也一直是世界难题，即便在大部分人口已经免于饥饿的今天，粮食也一直存在危机，首要问题便是供需矛盾突出。据联合国粮农组织预测，到2050年全球人口将达到100亿。也就是说，接下来30年，世界人口将增长约30%，粮食消耗将大幅增长。

而在中国，粮食供需的形势尤为严峻。根据中国社会科学院农村发展研究所发布的《中国农村发展报告2020》，到"十四五"期末（约2025年），我国可能出现1.3亿吨左右的粮食缺口。

造成供需矛盾的因素主要有以下几个方面：

首先，中国是人口大国，但耕地资源却严重不足。中国需要用只占世界7%的耕地，养活世界22%的人口。

其次，更为糟糕的是，农业劳动资源日益匮乏。目前农村老龄化日趋严重，据统计，中国农村劳动力平均年龄已经接近55岁。与此同时，农民种粮积极性下降，随着中国城镇化进程持续推进，农村人口大量涌入城市，80后不想种地，90后不懂种地，00后不问种地，已经成为当下农村的常态。

最后，"散户多、看天吃饭"的小农经济模式长期制约我们从农业大国走向农业强国。

那么要实现自给自足、供需平衡,就必须在有限的耕地资源上提质增效。简单来说,只要突破了"谁来种地,如何种地"两大困境,一切就迎刃而解。

阿里云数字化蔬菜工厂的诞生,为这两个难题提供了解决方案,探索出了中国智慧农业发展的一条新路径。

数字化蔬菜工厂首先解决了劳动力匮乏的问题。物联网技术和自动化设备的结合,极大地降低了人力投入。

除了在育苗和采收期需要增派人手,蔬菜生长期内,只需两个劳动力就可以管理一个大棚。用李晨的话来说:"只要有手机、有信号,随时可以种菜。"这意味着它打破了时空的限制,一个劳动力甚至可以同时管理多个大棚。

零星的劳作者穿行在丰饶的数字化"田野"中,数字化蔬菜工厂在节省人力的同时,蔬菜年产量是传统大棚的 6 倍

另外，数字化蔬菜工厂舒适的环境，让农业从内到外告别了传统模式中农民的艰辛状态，这对农民有着极强的吸引力。

更重要的是，蔬菜工厂产量喜人。现有的 4000 多平方米的机床可以种植 36000 棵蔬菜，它克服了季节性，每年可种植 12~16 茬，加上对病害的控制提升了良品率，蔬菜年产量可达到 20 吨，是传统大棚产量的 6 倍。

这种流水线般的工业化模式，使得"让农民成为有吸引力的职业，使农业成为有奔头的产业"不再是一句空洞的口号，它以一种"肉眼可见"的速度变成现实。

而对于消费者来说，蔬菜的安全性将得到提升。物联网技术在蔬菜工厂的运用，使得每一棵菜的种植和运输全程透明化，意味着消费者可以对每一棵菜追根溯源。这不失为一种有效的监管。

数字化农业工厂的可行之策

这个"工厂种蔬菜""农业商业化"的故事开篇，具备了"天时""地利"要素。

当双方在 2019 年携手共建国内首个数字化蔬菜工厂时，农业科技已经站在风口。新技术能够改变农业发展，已经得到市场普遍认可，各方资本对"智慧农业"青睐有加。据统计，早在 2015 年时，中国在农业领域的科技投资就已经高达 46 亿美元。

地利方面，在国内可能很难找到比寿光更适合农业改革、推广智慧农业的地方了。寿光的农业基础雄厚，种植技术也走在全国前列。

早在 30 年前，寿光就结束了"靠天收"的局面，开了北方大棚种植反季节蔬菜的先河，"寿光冬暖式大棚"一度在全国推广，当地可谓中国农业的"课代表"。在销售方面，寿光是亚洲最大的蔬菜交易中心。

再看投资运营的两大主角，可谓强强联手，水到渠成。

港投控股集团是寿光当地的国有企业，具有可持续投入的能力和热情，这对农业产业面临的风险性和回报周期来说尤其重要。

阿里巴巴作为中国互联网巨头，拥有最先进的人工智能、物联网和大数据技术，可以说，它更容易掌握智慧农业的"灵魂"。此外，阿里巴巴在蔬菜生鲜领域拥有诸如淘鲜达、盒马鲜生等线上和线下的销售渠道，这种综合资源优势是其他企业难以比拟的。

我们在调研中发现，这种需要雄厚资金投入且回报周期长的"试验田"，对普通农民来说是可望而不可即的。蔬菜工厂已经运行的一期生菜项目投资达到数百万元，这意味着企业化运作和规模化种植才是推行数字化农业工厂的可行之策。

数字化蔬菜工厂所探索的智慧农业，还有很长的路要走，还有诸多方面有待改进完善。比如目前蔬菜工厂对种植品种还有一定的局限，瓜果类蔬菜目前还不能进行批量化、标准化种植，需要等待硬件设备的技术侧升级。

此外，农业数字化不应该仅仅局限在田间地头，而应延展至终端。寿光市港投农业科技公司负责人张子阳表示，目前蔬菜工厂正在销售环节下功夫，近期将利用淘鲜达、盒马鲜生等多种线上线下渠道，打造端到端的数字化产销供应链，满足线上线下新零售的渠道销售需求，促进产销平衡。

"背靠阿里云的智慧能力，我们将探索数字化、标准化的农业技术，传统的温室大棚正变成可持续生产的、绿色有机的稳定供应型超级蔬菜工厂。"

一颗汉源花椒的数字化之旅

汉源县把花椒产销的整个农业环节全部"上云",实现全流程数字化,传统种植模式在花椒地里已成为过去,手机变成了新农具,数据成为新农资,种田成为新时尚。

数字农业,就是农业资料数据化,生成数据答案;就是产品全生命周期管理和监测数字化,提升农产品的质量;就是农业管理可视化,利用手机端实现农事在线;就是产品溯源透明化,打造全链路的溯源系统,追溯农产品从播种、生长到餐厅的全过程。

不管是花椒、蔬菜,还是任何农产品,都可以用数字化的方法,把它拉入数字世界。从生产端开始,打透撮合交易的中间瓶颈,直接面向消费者和最终经销商,到最后形成一个产业链的洞察。

——吴志刚 / 赛迪智库信息化与软件产业研究所所长、中国软件评测中心副主任

花椒，是原产于中国最早的"椒"，有 2600 年以上的种植历史。而香料界的全球宠儿胡椒，由张骞从西域引进，辣椒在明朝才传入中国。

几乎只有中国人吃花椒，它曾和皮蛋一起，被西方人票选为最恐怖的食物。可是，寻访"中国好花椒"流传最广的文章，竟然出现在一本外国人写的畅销书里。

书名《鱼翅与花椒》，作者扶霞·邓洛普是一个拥有四川灵魂的英国人。扶霞从剑桥大学文学系毕业后，1994 年前往四川大学学习历史。她爱上了中国美食，尤其是川菜，还拿到了"成都蓝翔"——四川省高级烹饪学校的毕业证书。后来，扶霞长住中国，一边遍尝各地美食，几乎去过四川每一个县市，一边给《金融时报》《纽约客》写专栏，作品结集成册，被誉为舌尖上的"寻路中国"，中文版从 2018 年至今，已重印 10 次。

花椒，最早的记载出现在《诗经》，"椒聊之实，蕃衍盈升"，其辛辣的味道十分独特

扶霞第一次体验花椒，感受到"嘴巴麻木，味道真是受不了"，后来，慢慢"对花椒上了瘾"。她四处打听，最好的花椒产自哪里，想要见见花椒树。"这么多年了，我一直梦想尝尝刚从树上摘下来的花椒，现在我终于来了，就在著名的花椒产地，我的双唇在歌唱啊。"

"全四川省的花椒，最好的还要数西南山区的偏远小县汉源所产。"经过拜师学艺，扶霞了解到，雅安市汉源县所产花椒，色泽丹红、芳香浓郁、粒大油重，是为花椒之上品。

在 2001 年和 2006 年，扶霞两赴汉源。她去看记录了始于唐代向皇室纳贡的贡椒石碑，还带走一棵花椒树苗，打算移栽至英国，因入境检疫政策而未果，她懊恼不已。第二次去，当地乡镇官员特地宴请这位美食专家，她举杯祝酒："愿外面的世界能了解并喜爱你们的花椒。"

如扶霞所愿，十几年间，汉源花椒正在被外面的世界了解：不仅成为中国的国家地理标志产品和驰名商标，还在 2019 年进入了欧盟的地理标志保护名录。这意味着，获得最严苛的欧洲市场准入许可后，汉源花椒能够进入全球市场，方便各地华人购买。

"花椒地"来了数据工程师

于厨师而言，花椒是一味"添加少许"的调料，对农业大县汉源来说，花椒却是"主菜"。汉源县有 33 万人，90% 以上从事农业生产，全县种植花椒 20 余万亩，年产花椒 3000 万斤。花椒种得好不好、卖得好不好，既关乎农民收入，也事关当地农业、农村发展。

汉源地处山区，地无三尺平，多为零散的"蛙跳田""斗笠地"，无法进行大规模机械化生产。实际上，西部山区的农田，面貌几乎是一致的，农民肩挑背驮，面朝黄土耕作，现代农业的春风，尚未吹拂到这些高高低低的山地。

除了土地因素，汉源农业还面临着生产成本高、市场抗风险能力弱、品牌红利不聚焦等痛点。

从 2019 年开始，汉源的农田里发生了一些变化：花椒地里，来了数据工程师，他们挽起裤脚，和当地农民一起，在田间地头安装起了微型气象站、土壤传感器、病虫情测报、智能灌溉等"物联网"设备。

千余年沿袭稳固下来的种植模式，迈出了改变的一步。花椒地里，吹响了改革传统农业的号角。

汉源县委书记郑朝彬说："乡村振兴，是我们国家决胜全面小康的七大战略之一。汉源县携手阿里云，探索数字农业赋能乡村振兴，这不仅仅是贯彻中央决策部署的一个抓手，还有效地解决了'怎样更好地种地'这样一个难题，让汉源花椒等特色农产品走出四川，走向全国，走向全球。"

探索数字农业，汉源县和阿里云双方围绕着一个词——在线，主要有三个关键动作：

其一，在农田做物联网改造，让土地、农作物的实时状态联网在线，在虚拟世界建模，实现土地"资产"数据化。从 2019 年建成的 600 亩"试验田"起步（目前正处于快速建设期），到 2022 年，汉源花椒的"数字化"种植基地将达到 26 个、5 万亩。

其二，合作成立阿牛农业科技公司（汉源国资控股）（以下简称"阿牛公司"），开发出农事 App，让农事"业务"在线、农业专家在线、农资供应在线，用数字化的方式，让农事更精准。

其三，开设汉源花椒官方旗舰店、建立盒马鲜生直采基地等，提升农产品线上销售比例，推动农业品牌数字化。

总体而言，汉源县和阿里云正在进行的农业探索，以数字化和智能化为驱动,深入了种植、管护、销售全过程,用互联网的方式,对农业传统供应链和服务体系进行逆向改造。目前,汉源县的数字农业已经初具成效:农业管理更精准,农民种地更便捷,产品销售更简便。

汉源县原主管农业的副县长谢霁说:"这几年,汉源把数字农业作为一项工作重点来抓。得益于阿里云的支持,汉源真正把数字农业落地并做实,形成了全产业链的整体效应,开始推动老百姓从中获取更多的收益。"

阿里云四川业务总监程盛说:"阿里云躬身入局,把汉源作为数字农业的样板和标杆工程来建设,所追求的,是给当地传统农业带来整体提升,起到真实效果。"

手机变成了新农具

花椒地里安装的物联网设备,不是看起来高大上的"花架子",而是实打实对种植环节产生了作用的。

这些设备可以对气候环境、土壤状况、作物长势、病虫害情况进行实时监测,使得土地、农作物联网在线,形成数据,可视化反馈到手机端 App,辅助"椒农"标准种植、规范种植。

举个例子,花椒地里埋设了传感器,土壤缺少水分、缺少肥力了,地块的主人会在手机上收到提示,该浇水、该施肥了,浇多少水、施多少肥,可以量化提醒。

设备的另一端,还连接着农业专家。阿牛公司聘请了农业大学的教授,他们根据田间地头的实时监测和数据反馈,在 App 上发布当前农事提醒、在线答疑、进行视频讲座,为不会、不懂、没地方可学的农民提供在线农事指导。

"农业从传统走向现代,其实最重要的是用科技来规范老百姓的种植,用数字农业的思维推广种植技术。"谢鼐对此深有感触,过去,花椒专家指导农户种植,只能翻山越岭,一家一家去走,成本太高了。即使政府组织专家讲座,也只能到一个乡镇、一个村去开课,受益人非常有限。现在,农民坐在家里,在手机上就能学习如何剪枝、如何防止病虫害,享受到及时、先进、专业的农业科技赋能。

"椒农"购买种苗、化肥、农药,也只需动动手指,线上下单,送货上门。翻山越岭去赶集,可能买到假种子、假化肥的事情,不会再发生了。

如果购买农资一时缺少资金,可以在 App 在线申请惠农贷款。土地、花椒树等数据"资产"可以为农户的信用背书。"不需要去城里求人找行长,也不用难为情去开口借钱。三分钟填一张表单,一秒钟到款,零人工干预。比如说,有 5 亩花椒地,可以贷 1 万元,如果农户家里还有一个孩子是在读大学生,可以再多贷 1 万元。"在程盛看来,普惠是数字农业的应有之义,让农民享受到更多的时代红利,比如科技和金融的发展之光,也能够照耀到广袤的农村。

"在汉源,手机成了新农具。科学种植、管护技术通过手机深入椒园,种出来的花椒一年比一年结得好。老百姓拿着手机在田间地头直播,网上卖货,实现了增收致富。"种植了 437 亩花椒、汉源县有名的"田秀才"贺洪康说。

数据成为新农资

喜食麻辣之人,知晓汉源花椒好,至于为什么好,他们并不一定能说得上来。

中国林科院和四川农业大学曾经做过研究,汉源花椒品质佳的重要原因是，它的挥发性芳香油的含量高，在 8% 以上，而其他地区的花椒挥发性芳香油含量在 4%~6%。

阿里云的数据工程师和农业科学家一起，在汉源掘地三尺，把土地和气候等影响作物的因素转换、分析成为数据资料，去寻找花椒品质和生长环境之间的关联，去探寻风味背后的秘密。

扶霞去汉源买花椒，当地人告诉她，海拔 1700 米的牛市坡生长着最好的汉源花椒。她问，为什么这里的最好？答曰，干燥和沙土。

笼统的答案，显然不能解开扶霞心中的疑惑。现在，数据会说话，它能告诉扶霞，怎样的日光、怎样的风和雨、怎样的土壤和海拔，生长出来的花椒格外香，出油量尤其高。

"哪些因素导致花椒品质好？过去老农只是靠经验，现在通过挖掘数据和算法，转换成因子列表，就可以得到准确的答案。"在程盛看来，农业也需要从经验主义走向科学主义，"种什么""怎么种"都应该有数可查、有据可依。

汉源是花椒之乡，还有甜樱桃之乡、西部花果第一县的美誉。以前，"种什么"全靠农民自己判断，砍了花椒，种了樱桃，过两年，又换种柑橘。通过土地资产数据化，如今农业主管部门可以科学引导作物的种植，让数据去帮助农民做出选择。

此外，通过大数据的分析，汉源县的农产品加工企业，根据市场销售和价格预测来进行智能化生产，实现订单式加工，最大限度规避市场风险。"有一家花椒的深加工企业，做到了提前一周知道市场行情，按照需求去生产，产品新鲜，保质期长，产品比以前更受欢迎。"

郑朝彬说："我们和阿里云一起，依托互联网、物联网、大数据技术，建成了智能化决策、精准化种植、标准化管理、智能化加工为一体的农业数据分析平台，把数据资料与农业生产结合，形成了'新农资'，真正实现智慧种地。"

"阿牛"牛不牛，看农民包包头

给合作成立的农业科技公司征名时，有人提议：因为阿里云牛，汉源特色农业产业也牛，就叫"阿牛"吧！

后来，当数字农业在汉源深入推进时，有一句方言顺口溜在当地民众中流传起来，"阿牛牛不牛，要看农民包包头。农民包包鼓起来，才能算是真的牛。"

对于农民来说，科技、创新、转型这些词汇离他们太远，收入增加、腰包鼓起来才是他们最朴素、真实、迫切的愿望。

程盛说："我们在和汉源的政府官员打交道的过程中，感受到了他们最大的期望，也是花椒等农产品能够更好地销售，让老百姓多收三五斗。让农业增效，让农民增收，我们双方的追求是一致的。"

前面提到过，汉源花椒存在"品牌红利不聚焦"的痛点。实际上，这是全国的特色农产品普遍存在的一个现象。拿"西湖龙井"来举例，有50克卖300元的，也有50克卖30元的，在西湖边逛一圈下来，不知买哪个好。

汉源花椒也是如此，是一个地域品牌，但是却没有广为人知的商品品牌。没有聚拢品牌红利，会带来恶性竞争的恶果，市场是向下的，无人受益。

谢矗曾经去网上"调研"，"一些卖汉源花椒的网店，跟汉源县一点关系都没有，它的花椒都是从当地市场收购而来的。最大的一家，一年交易额将近8000万元。假冒产品可以做到低价，对我们正宗的产品造成了冲击，这是汉源花椒最大的痛点。"

汉源的对策，是品牌数字化。从种苗到土壤，到农事管护，再到产品销售，全流程的数字化管理，建立花椒的数字标准、电子标签、溯源体系，"扫一扫"便知假冒和正宗，能够溯源到准确的产地，从而提升汉源花椒的品牌价值，增强竞争力。

此外，阿里云给汉源县引入了电商合作伙伴，帮助"汉源花椒官方旗舰店"去更好地运营。"怎么引流，怎么宣发，怎么服务，怎么发货，怎么仓储，怎么供应，怎么做文创开发？线上销售的全套商业思路，都要带给它。"程盛说。

经"撮合"，盒马鲜生在汉源建设了直采基地，汉源生产的花椒、樱桃、蒜薹被摆上了盒马的货架。相比帮助汉源在网上卖货，程盛更在意的是消费数据对供应链体系的改造。过去卖花椒，不知道该卖给谁。现在，数据会给出答案。比如盒马就曾经给汉源提出建议，蒜薹要区分采摘和包装，老蒜薹卖到北方去，用来烧肉，嫩蒜薹卖到云贵川，用来凉拌。

"我们希望农产品收购、分拣体系、物流系统等农业配套和服务，告别过去野蛮生长的小、散、乱模式，带来深层次的变化和整体的提升。"

在汉源，网上卖货成了"新农活"，昔日"背篼装不下，汽车拉不满，产品卖不出"的状况得到了改善。县委书记郑朝彬曾亲自直播带货，"我们和阿里云合作以后，汉源县的电子商务突飞猛进。花椒、樱桃、苹果等特色农产品，三分之一通过互联网销售"。

"汉源县通过科技引入，打造全链路数字农业，让农业增效、农民增收，点亮了乡村振兴新希望。"在郑朝彬看来，农业的数字化转型，是现代农业的必然选择，也是农业高质量发展的必然选择。

蒙牛智慧牧场：
最新鲜的牛奶来源于"数字牛"

大多数做消费者业务的企业，其数字化变革往往发轫于营销端，因为营销端的变化对业务的影响最为直接。蒙牛的数字化转型则较为全面，不仅在消费者端、渠道端发力，也影响了企业的组织管理，甚至改造了供应链。其对牧场的数字化改造，便极富特色。

长期以来，以农林牧渔为代表的第一产业，其集群化、规模化程度往往不高，信息化、自动化水平相对落后，带来的问题是生产效率不高、产品质量控制能力比较低，这样的短板必然制约后端的加工工序。蒙牛通过对信息系统的数字化改造，以及运用智慧化的工具，一方面提升了牧场的经营效率和管理水平，使得牧场有能力去提升原奶的质量，另一方面也有助于实现食品的可溯源，对消费者来说是更加强有力的保障。

——吴晓波/财经作家

内蒙古呼和浩特市，由于中国很多乳业品牌都诞生在这里，因此有"乳都"之称。蒙牛智慧牧场大改造，正在这草原一隅悄然发生

"数字化"优化奶源管理

2020年11月晚上的"乳都"呼和浩特，气温低至-10℃，室外几乎滴水成冰。在郊区一个牧场的牛舍里，奶牛们有的卧地入眠，有的站着反刍咀嚼，偶尔响起一声牛鸣，反而更衬托出环境的宁静。

如果回到两三年前，这里的景象并不相同。即便到了晚间，仍能看到工作人员进出的身影。他们有的负责晚班的巡栏工作，观察牛只是否存在发情或者发病的状态；有的要在奶厅记录奶牛的产奶量，从抄写耳标上的编号到抄写尾部的流量计指数，一套动作重复数百上千遍。

令人意外的是，如今替代工人进行夜间劳作的，仅仅是一个小小的智能脖环。当然，更准确地说，脖环只是一个终端设备，在它的背后，是一整套被称为"智慧牧场平台"的数字基础设施。

打造这套基础设施的，是乳制品行业巨头蒙牛乳业。而打造它则是为了更好地推动乳业产业链上游——牧场的经营管理水平,并提高奶源的品控能力。

奶源,曾是中国乳业的集体痛点。

2008年,三聚氰胺事件被曝光并迅速发酵,使国产奶陷入空前的信任危机,中国乳制品行业几乎全线崩溃。究其根本,就是当时在以"农户—奶站"为主体的收奶模式下,上游奶源的质量把控能力很弱,直接影响了终端产品质量。

此后,一方面,国家提倡和引导规模化养殖,提升原奶供方的质量控制能力,另一方面,乳企也大幅提升了检测标准、检测能力和生产过程中的质量管理。时至今日,我国乳制品的抽检合格率已经稳定在99.5%以上,在食品行业内位居前列。

奶源危机所敲响的警钟,使得"质量就是生命线"真正成了乳企永远紧绷的一根弦。如今的乳业巨头,早已不再满足于后端的检测和把关,而是通过资本合作或强化技术等方式,沿着供应链上溯,力求做好全产业链、全生命周期的质量管理。

以蒙牛乳业为例,这家乳业巨头目前自有和合作的牧场多达1000余个,所畜养的奶牛总数已经达到了惊人的130万头。放在10年前,要想追溯前端的产品质量,就得搞清楚这130万头牛的状况,这需要一个极大的组织系统,耗费极大的人力物力,譬如它们分布在哪里,每个牧场的牛日均产奶多少千克,有多大比例的牛怀孕了或者生病了……毕竟,即便把浩若繁星的奶牛群点数一遍,也需要很长时间。

但现在,蒙牛正在试图把上百万头奶牛的数据实时掌握起来,甚至预测某个单体牧场下个月的产量会上升还是下降,成本会增加还是减少。而且,这一"奢望"似乎是可以实现的。

解决这个难题的关键,就是数字化。

1
在子昂牧场,每头牛都有自己的"云医生"和"云管家"

2
耳号,奶牛们的"身份证号",如今,搭配智能脖环,牧场既能提高效率,又能降低成本

蒙牛集团助理副总裁、信息技术负责人张决这样表达蒙牛用数字化"武装"上游牧场的初心："我们希望帮助牧场优化经营，提高产量和质量。在这一点上，牧场和蒙牛是共赢的……在过去的几年中，牧场也在逐渐推广自动化，但在这个过程中，它其实还需要很多数字化、智慧化的工具。所以我们大概从2018年开始，和阿里云等一些合作伙伴一起，研究做数字奶源或者说智慧牧场这件事。"

所谓的"数字奶源"，主要是为了解决传统牧场管理中的"堵点"和"缺点"问题。中国当前的牧场管理，相比国外先进水平，还存在不小差距。一些中小牧场还处在从人工向半自动化、半信息化过渡的状态；管理较好的牧场，虽然已经建起了一些信息化的系统，可以在一定程度上辅助生产管理，但系统与系统之间、设备与设备之间，数据是相互独立的，难以在更高的维度上组织起来。譬如一个关心原奶产量和质量的牧场主，尽管他拥有一些信息化工具，但由于统计结果需要层层分析和上报，他仍然只能获得相对滞后的信息，而且在发现产量、质量下降后，还很难第一时间找到关键原因。

相比这些比较传统的做法，"数字奶源"将建设一个大数据平台，将所有的系统集成、打通，同时辅以一些智能化程度更高的工具，提高牧场业务的可视化、可量化水平。譬如，牧场可通过智能脖环等设备掌握牛只的身体状况，通过精准饲喂系统投放合理配比的饲料，通过原奶监测系统检测原奶的产量和质量变化，并通过智慧牧场管理平台把所有系统联结在一起。管理者很容易借助这些工具，发现数据的实时波动和匹配关系，精准发现产量下降到底是奶牛发病率升高引起的，还是饲料配比不当引起的，并借此做出正确的调整。

一个试点牧场的变化

理论是丰满的，但要落到现实上，仍然有不少困难需要克服。对蒙牛来说，最大的困难在于，如何说服牧场主坚决投身于数字化变革。

"你告诉他，投完这个之后，半年到一年之间，你会看到单产量的增加。但是第一他不一定信，第二他首先看到的是我要投多少钱，这是成本问题，第三他底下的员工对变化的东西天然会有抗拒心理。"张决说。

重重阻力之下，2018年，蒙牛所合作的800多个牧场中，愿意导入智慧化系统、进行数字化变革的牧场只有区区6个。2019年，蒙牛决定加大推动标杆牧场的智慧化体系落地，以实际效果来激发全行业的转型动力。

子昂牧场坐落于呼和浩特市和林格尔县的郭家滩缸房夭，牧场占地518亩，设计存栏奶牛6000头，目前存栏4000头，日产鲜奶62吨，是内蒙古唯一一座集奶牛研究技术培训、牧场体验、科普展览等一体的综合性示范牧场。2019年，蒙牛将子昂牧场作为智慧牧场试点单位，输出智慧化的工具、系统和成熟的管理人员，进行了一场数字化的大改造。

在牧场工作了6年的张凯强，在2019年来到子昂牧场，担任繁育部部长。在任上，他亲眼看到、亲身体验了智能脖环等智慧化工具，以及智慧牧场管理软件等数字化平台，对"智慧牧场"相比传统牧场带来的革命性变化，可谓如数家珍。

首先是智慧化工具的应用。在子昂牧场，人们给所有的奶牛都套上了"智能脖环"，它能够对奶牛进行定位，同时监测其活动量、呼吸、反刍等状况，并将数据实时传回到大数据平台上。就是这个小小的脖环，带来了巨大的改变。

吴晓波（左）在子昂牧场听张凯强（右）介绍牧场情况：牛更健康了，人也更轻松了。这便是产业智能化的大手对每个生命的照拂

"光是找牛这件事，减轻的工作量就不少。"张凯强说。

对繁育部门来说，"找牛"是最基础的工作环节之一，无论是健康检查、挤奶、发情监测还是配种，都难免涉及这个环节。但是，奶牛都是黑白花的外形，相似度很高，要精确找到某个编号的牛，工作人员就需要一头头地查耳标，效率很低。"一个牛舍从这头走到那头有两三百米，这个牧场光泌乳牛舍就有三栋，还有其他牛舍……有时候你走第一圈不一定能找见，得来回走几圈，花10分钟到15分钟找牛是很正常的。"

有了智能脖环，这个基础工作一下子变得非常简单，只要在手机端搜索牛的编号，很快就能对牛只进行精准定位，短短一两分钟就能完成找牛的工作。

定位找牛还只是最基础的功能。由于智能脖环自动记录牛的活动量，这就使工作人员能够很方便地监测到它的异常状态。通常来说，发情的牛只活动量会超过正常范围，而生病的牛只活动量则小于正常范围，因此，通过阈值设置，脖环可以在牛只活动量异常时，向工作人员推送提醒，

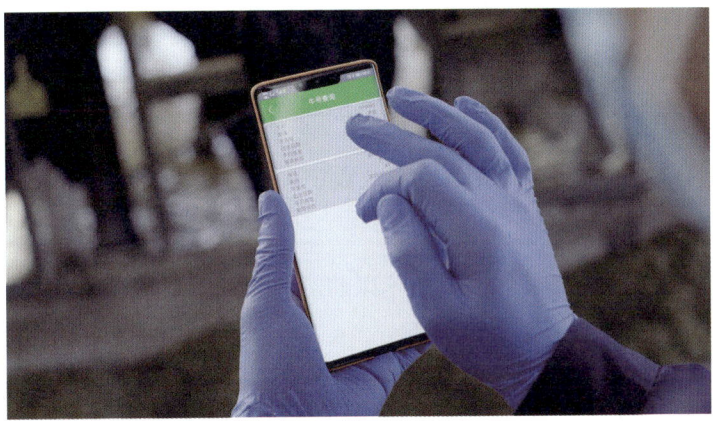

找到 10083。原先为了找到 10083 号牛，张凯强需要绕着牛舍走上几圈。如今，有了智能脖环，只要在手机端查询牛只编号，就能轻松定位 10083 的位置

提示工作人员进行现场复查。

在传统的条件下，奶牛的发情揭发、疾病揭发工作可不是这么简单。白天，工作人员必须每隔一到两个小时在牛舍里巡栏一次，观察牛只是否有精神萎靡的现象，或者出现爬跨动作（爬跨是牛只发情的标志），一天下来，一名工作人员要走 25000 步以上。而到了夜间，巡栏效率更低，人们还需要用专用蜡笔在奶牛的臀部做标记，第二天早晨来观察标记是否变淡。这样的工作方式，耗费人力物力不说，工作效率也一般。而有了智能脖环，工作人员就能少走路，把巡栏的时间节省下来用于各类指标分析，发情揭发率也从原来的 75% 提升到了 95%。

除了智慧化的工具，各类数字化系统的应用也为牧场的工作带来了许多便利。

以饲喂环节为例，几年以前，信息部门要根据营养师给出的配方，手动制作并打印 Excel 表格，让一线员工按照加料顺序和加料量进行饲料投放，同时做好饲料投放记录。这个过程很考验牧场的管理能力，在一些管理不佳的牧场，如果一线员工责任心不足，很可能出现少加、错加的情形，管理人员也很难进行事中管理、事后追溯。而如今，子昂牧场应用了精准饲喂管理系统，在饲料车上安装了显示屏，实时地提示并自动记录加料顺序和加料量，减轻一线员工工作量的同时，也方便管理人员精准管控。

奶厅的挤奶工作，也曾经是牧场的一大痛点。就拿奶量监控这个步骤来说，曾经所有的奶量监控都要依靠人工抄写，数据员要先看牛的耳标来记录编号，然后转到牛的尾部看流量计并记录奶量，所有奶牛监测一遍，就意味着重复这套动作上千遍，一个人需要连续工作七八个小时。到了冬天夜里，气温极低，数据员手上长冻疮、水笔不出水的窘况，可以说是常态。工作人员辛苦不说，奶牛还会对人的频繁干扰产生应激反

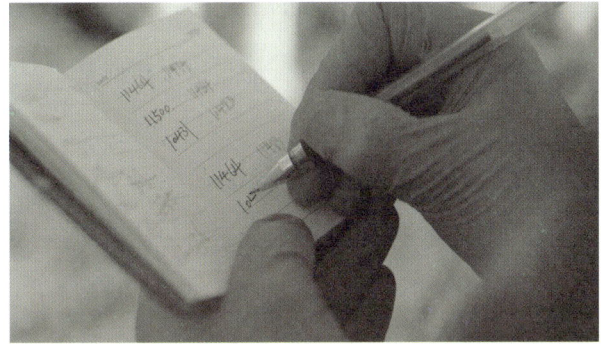

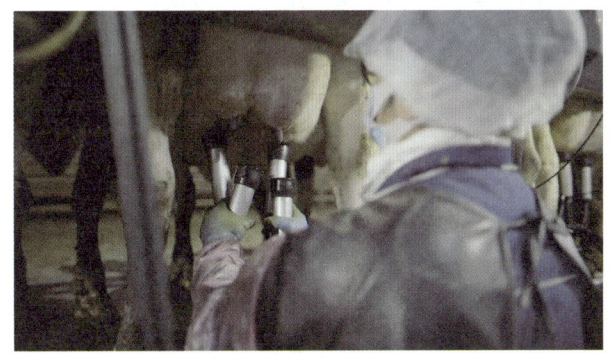

挤奶厅，牧场中最繁忙、最核心的地方。过去，工作人员手工挤奶，人工抄写所有的奶量监控；如今，牧场上云，物联网设备成为蒙牛的"神经末梢"，助力从"草原牛"到"数字牛"的转变

应，影响产奶量。而由于工作量大，所以牧场传统上往往只能每旬测奶一次，数据的准确性、及时性都难以保证。

而数字化的奶量监控系统上线之后，这些问题就迎刃而解了。子昂牧场副厂长韩跃介绍说："自从有了这个数字化管理系统，我们所有的奶牛上去挤奶以后，对每头牛、每天、每个班次的奶量都可以进行自动监测，同时数据自动上传。这样不仅提高了工作效率，而且这个数据是非常及时的，对我们整个牧场生产有一个很好的指导。"

此外，按照传统的管理流程，牧场向下游乳企交奶时，需要手工填写一份生鲜乳交接单（业内称为 MPO 表），乳企对原奶进行检测后，将标有检测结果的返单交给司机，由司机在第二天带回牧场。这种流程下，一方面是手工填写容易出错，这就涉及考核和处罚，另一方面，乳品质量的反馈也是滞后的。而智慧牧场管理平台中的"牧场—工厂生鲜乳交接业务"上线之后，所有信息都在手机端填报，乳企的质量检测结果也实时反馈到管理平台上，而且可以形成可视化的趋势变动曲线。这样的工作方式不但效率高、不易出错，牧场也方便跟踪乳品质量变化的趋势，并借此来及时调整生产工作。

类似这样的变化案例还有很多。总而言之，由于智慧化工具的应用，信息系统的全面数字化转型，子昂牧场的整体工作方式越来越从依赖经验、依赖人工向依靠系统、依靠数据转变。一个直观的结果是，自蒙牛 2019 年 5 月接手改造牧场以来，子昂牧场的泌乳牛单产量从 28.6 公斤增加到超过 33 公斤，提升幅度超过 10%。子昂牧场的工作人员高兴地说："以前管牧场靠经验，现在管牧场看数据，通过对各类数据的采集、分析、预测，牧场管理变得更轻松、更智能了。"

"四大在线"驱动数字蒙牛

蒙牛集团CEO（首席执行官）卢敏放曾经表示，在蒙牛的战略里，最重要的就是建立数字化的能力。对蒙牛整体而言，数字奶源是数字化战略中的一环，但数字化真正的内涵，还远不止于此。

2019年，蒙牛开始与阿里云合作，建设自己的数据中台，同时还在内部创建了大数据部门，准备好了数字化转型的系统底座和组织基础。"我们要把蒙牛的大数据、经销商的大数据、客户的大数据、门店的大数据等等，全部纳进来。未来，直接让数据来做决策。"张决如是说。

到2020年，面临新冠肺炎疫情的严峻考验，蒙牛又正式提出构建"四大在线"，即消费者行为在线、渠道行为在线、供应链在线、组织管理在线。围绕着"四大在线"，还"要打造以ERP为强壮平台的后台系统，要打造非常标准化的双中台+AI中台的标准化中台系统，同时我们要有各式各样的既敏捷又灵活的前台，这是蒙牛未来的系统架构"。

如果说数字奶源属于供应链在线的范畴，是供给的保障，那么，在连接需求的这一侧，尤其是在新零售兴起的背景下，消费者行为在线和渠道行为在线，就变得尤为重要。

举例而言，在渠道这一侧，蒙牛传统上需要依靠经验公式，对不同区域的销量进行预测，再根据预测来铺货。由于牛奶的保质期有限，一旦铺货量和销量没有匹配好，就有可能带来问题：要么是缺货严重，导致市场份额被竞争对手挤占；要么是供给过量，导致产品临保后做深度折扣，或者是直接销毁，带来较大的损失。由于牛奶销量的影响因子多且复杂（譬如区域、天气、节日、特定事件等），纵然有20年经验沉淀，蒙牛原来对牛奶销量的预测也只能具体到月。而在大数据技术的辅助下，蒙牛就能够全盘考虑所有因素与变量，快速且较为准确地匹配产销。

而在消费者这一端，蒙牛通过各类终端触点深度接触消费者，并运用数据中台，对消费群体行为进行识别和分析，提供更有针对性、更符合消费群体需求的产品。同时，蒙牛还将打通线上、线下销售壁垒，实现全渠道的销售和配送。正是全渠道的订单、库存的逐渐拉通，增强了蒙牛的履约能力，使得疫情期间，在生产、物流、终端销售等很多环节都被物理隔离的情况下，蒙牛能够快速合理地调度全产业链，保障产品的全周期链路畅达，实现疫情后的快速复苏。

数字化、智能化为蒙牛的效率提升和成本改善提供了有效的途径。在实现数字化运营半年后，张决给出了一组数字："牛奶排产的年预测准确率达到97.8%，月度准确率提升了5%，效率提升了30%；人工规划的效率提升度是70%，原来需要几个小时的计算，现在几分钟就算出来了，原奶的调拨成本也下降了9%。"

这一系列的成就，正是数字化带来的价值。

"一盒蒙牛牛奶背后，有170兆字节的数据。"在2020年1月的冬季达沃斯论坛上，卢敏放如是说。当数字成为推动行业进步的强大动力，无论是对渴望新鲜牛奶的消费者，还是对渴望精益运营的乳企来说，这都是一种无与伦比的好变化。

第四章

大国重器，走向中国制造 2025

钢铁是怎样用"数据"炼成的：
攀钢的转型之路

大多数人很难理解，像钢铁冶炼这样的传统行业，怎么会与互联网、大数据这样的新词汇联系在一起。但事实上，数字新经济的意义就在于，它并非与传统经济截然对立，而是用新的眼光将传统经济"透视"一遍，用数字化的手段去重塑传统经济中的瓶颈环节，以达到提质、增效、降本的效果。

攀钢对数字化技术的运用，就是解决了生产线上的瓶颈环节，把原来需要依赖人的经验和专注度的环节，用大数据和 AI 替换掉。由于大数据的计算比人工更快、更稳定，带来的效果就是产线运转得更快速，反应料添加得更准确，产品质量更稳定。中国千千万万的实体企业，就像攀钢一样，它们并不像互联网企业那样天然地需要"云"背后的算力和存储，但数字技术在企业生产和管理上切切实实的推动作用，最终会让它们因为"看见"而"相信"。

——吴晓波/财经作家

到大山里去

凉山州，西昌市。

这是一个美丽的小城。西昌长年气候温和，有"小春城"之称，城市靠泸山，面邛海，山、水、城相依相融，刚柔并济。由于高海拔、多晴天，西昌的月亮又大又明，分外皎洁。古时，走西南丝绸之路的商旅，将路途中最美的三个古镇概括为"清风雅雨建昌月"，西昌（古称建昌）即位列其中。

这也是一个偏僻的小城。尽管与成都的直线距离不过 350 公里，但因僻居大凉山腹地，道路曲折难行，两地之间大巴车通行需要 6.5 个小时，乘坐火车则要 10 个小时以上。交通上的不便利，使西昌即使坐拥美景，依然难以吸聚人口。70 余万西昌人分布在 2600 多平方公里的广阔土地上，仿佛撒在大饼上的芝麻。

但是，在这片苍茫大地之下，却蕴含着丰富的宝藏。在攀（枝花）西（昌）地区，分布着我国境内最大规模的钒钛磁铁矿，钒储量占全国的 54%，钛储量则高达 91%——钒、钛是磁铁矿重要的伴生金属，也是生产某些高端特种钢不可或缺的合金原料。巨大的矿藏，纵深的战略位置，使得 20 世纪 60 年代三线建设启动时，攀钢集团（以下简称"攀钢"）——它也是中国战略后方最大的钢铁联合企业——在攀枝花应运而生。

到了 2008 年，曾经的建设对象成了建设主体。这次，身穿工作服的攀钢人，将目光投向了西昌。他们风尘仆仆地赶到这里，决心在这里建一座先进的钢铁钒钛企业。

到大山里去。站在西昌钢钒总部大楼的平台上远眺，远处是苍茫的云和山。十多年前，一群心怀理想的攀钢人来到这里，决心要在这里建一座能够百分之百实现信息化的钢铁企业

先进到什么程度？用攀钢集团西昌钢钒有限公司副总经理周敏的话来说："在建设的时候，所有设备、工艺都是全球最先进的……我们所有的工序，从原料烧结、焦化、高炉一直到最后的轧钢，完全实现了自动化。"

但是，鞍钢集团党委常委兼副总经理、攀钢集团党委书记兼董事长段向东似乎并不满足于此："我们追求百分之百的、极度的自动化和信息化，但还做不到。开玩笑地讲，96%以上是有的。"

最令他纠结的倒还不是那4%的差距。大多数局外人难以理解的一点是，钢铁这个听起来"傻大笨粗"的传统行业，其实是大工业门类中流程最长、复杂程度最高的行业之一。一位阿里云工程师说，其复杂程度甚至可以与被称为"民用工业皇冠上的明珠"的汽车行业相比。炼钢

来料的最优配比、炼钢的理想温度，极为复杂的流程背后是庞大的数据积累

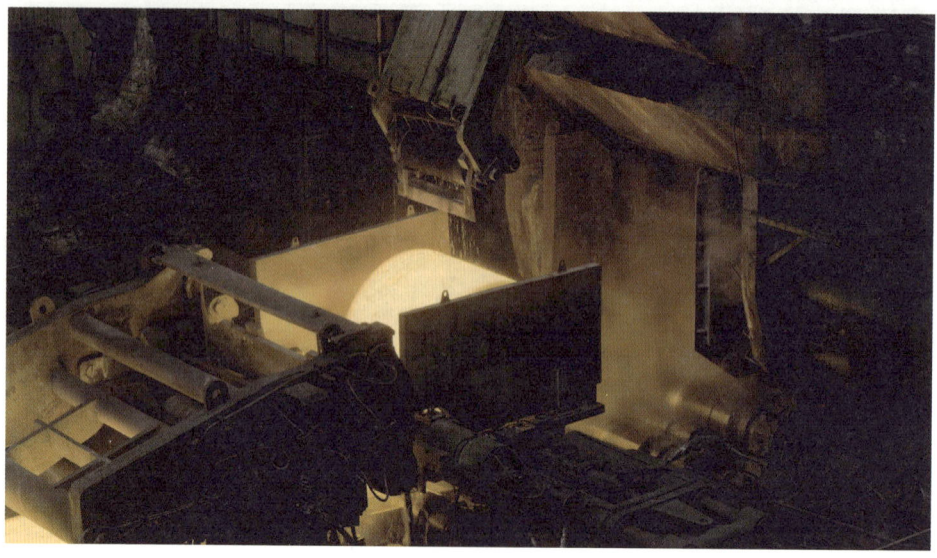

一个钢铁厂一年内沉淀的数据量能达到好几万亿字节,然而传统的钢铁企业并没有能力去利用这些数据

在《云上的中国》纪录片拍摄现场,面对吴晓波(右)的采访,段向东(左)回忆起带领西昌钢钒进行数字化转型的决心

产业链向上溯及铁矿石,中间涉及烧结、炼焦、高炉炼铁、转炉炼钢、连铸等大工序,向下则涉及加工(热轧、冷轧)、配送等环节。

漫长的产业链、极度复杂的物理和化学变化,使钢铁厂成为一个巨大的数据生产者(按另一位阿里云工程师的说法,一个钢铁厂一年内沉淀的数据量能达到几万亿字节)。然而长期以来,钢铁企业并没有能力去利用这些数据。"很多知识和经验(的背后)都是数据在积累,但是(之前)我们利用得并不好。"段向东感慨道。

段向东当然想改变这种状况,可是,单纯依靠钢铁企业内部的力量,似乎还不足以实现这种突破。但这种念头已经在他脑子里扎下根来,直到2018年。

这一年,在和阿里巴巴集团副总裁李津见了一面后,段向东很快确认对方正是自己可以借助的力量。

2018年5月，攀钢集团、阿里云、积微物联（成都积微物联集团股份有限公司，攀钢集团孵化的一个第三方平台）三方签署合作协议，它们共同的目标是，让数据在钢铁生产线上发挥力量。随后，阿里云派出了一队工程师，从城市高耸而精致的写字楼，走向了藏在大山深处的钢铁厂。

历史和现实在这一刻相遇。和10年前的攀钢人一样，他们同样背负着建设的重任。只不过，和彼时的众志成城相比，这一次的开端并不那么简单顺畅。

在疑虑中开始

全国范围内，"钢铁＋大数据"的应用，在此前尚无先例。尽管攀钢的管理层坚定了数字化转型的决心，但理念要落地，必须依赖广大的干部职工。可是，在与阿里云的合作之初，攀钢内部的疑虑情绪是普遍存在的。

"很多人不理解，我们现在自动化、信息化做得很好了，而数字化很虚无缥缈……（有些人觉得怎么）还找阿里，阿里是做消费者业务的，不了解工厂，怎么帮我们？"段向东回忆道，"所以我得先给自己'洗脑'，再想办法给他们'洗脑'。"

甚至连他指定的项目负责人周敏，最初接受这个任务时，都多少抱有一种将信将疑的态度。"因为我们钢铁行业是一个高度流程化、工艺特别复杂的行业。要完完全全地搞智能，少人或者无人，我们认为是有难度的。"即便日后带领团队取得了突破性的成果，在回想最初的心理状态时，周敏仍然坦承自己有所顾虑。

"钢铁大脑"项目负责人:"老攀钢"人周敏

不过,他倒也没有因此退缩:"虽然我们处在攀西大裂谷里,但我们的思想绝不是大裂谷思想。我特别赞同一个说法:想,全是问题;干,才有答案。我们段董事长跟我谈:你去做这个项目的项目经理。我说可以吧,我试一试。"

对于周敏和攀钢来说,这次前途未卜的尝试还是有一些积极因素的。

第一个因素是攀钢选择了一个先天条件最好的试点单位——西昌钢钒有限公司(以下简称"西昌钢钒")。作为攀钢旗下最新的工厂,西昌钢钒的信息化水平很高,具有最强的数据生产和储存能力,自然最容易上马数字化项目。

第二个因素是攀钢拉进了一个有用的第三方——一个既懂钢铁生产,又懂信息技术的第三方。这个叫作积微物联的合作者,原本是2012—2013年钢贸危机时,攀钢集团为寻找新的增长点而设立的一个子公司。积微物联从仓储入手,自主研发了国内领先的数码仓技术,随后转型为集仓储、加工、物流、在线交易、供应链服务等为一体的第三方独立平台。

积微物联既脱胎于钢铁企业（因而具备对钢铁产业的认知），又成功地依托信息技术而经营（因而懂得如何与互联网企业对话），故成了攀钢和阿里云这两个八竿子都打不着的企业之间最合适的黏合剂。

第三个因素则是前期双方拉锯谈判后形成的共赢式合作方式。最初，阿里云按照传统方案提出报价，即客户付费，阿里云提供整套解决方案。但像攀钢这样的国有实体企业，早已习惯了对每一笔投资计算内部收益率，如果项目的收益目标一开始就是模糊的，那就很难拍板上马。换句话说，阿里云可以提供"无法计算的价值"，但攀钢必须"让价值可度量"。好在在当时的阿里云总裁胡晓明的支持下，阿里云灵活地调整了自己的报价方式，改成先合作，实现效益后分成。这不仅让攀钢更容易接受，而且将原来的简单雇佣关系变成了紧密合作关系，双方的利益取向更加一致。这为双方后续携手克服重重困难，奠定了良好的基础。

就这样，一群身穿工作服、头戴安全帽的技术工人和一群身穿T恤短裤、满脑子代码的IT工程师，坐到了同一辆"战车"上，从一个崎岖不平的开始，驶向无人知晓的未来。

"瞎子"和"瘸子"

阿里云的团队进场后，周敏的感觉可以用"五味杂陈"来形容。

一方面，这群年轻人精神昂扬，动力高涨。在他们身上，找不到"新经济"的高傲，有的只是浓烈的好奇心和进取心。他们和攀钢的团队共同梳理炼钢工艺流程，列出了12个可以进行数字化改造的备选项目。但另一方面，他们对钢铁工业的外行也是显而易见的，刚刚进场时，他们甚至会被一些基础概念搞得满头雾水。也正因为如此，当双方坐在一起，阿里云方面信心满满地表示12个项目"都能做"时，周敏的内心却打起了鼓。

20多年的行业经验告诉周敏，钢铁厂是一个牵一发而动全身的巨型系统，每一次对既有运行的修正（哪怕是常规的停工检修）都意味着大额的成本支出，遑论大范围铺开前途未卜的改造计划。何况贪多嚼不烂，作为首创性的试点项目，自然更应求精而非求多。于是，在厘定几个基本原则后，合作团队将试点项目精简为两个。

第一个是钢铁料消耗项目（或称"AI炼钢"），这是阿里云团队极力推荐的项目。所谓的钢铁料消耗，是指在转炉炼钢环节，技术工人要根据经验公式，在铁水中实时加入一定量的废钢、合金等原料，确保最终产品组分达标。这对人的经验和注意力都提出了很高的要求，因为一旦出错，就会直接影响产品质量，必须耗费额外的时间和成本进行补救。阿里云的团队认为，这一环节有充分且高质量的数据，有可靠的反应机理，可以用大数据的方式自动计算配料添加量，对人工作业进行替代。

第二个是智慧表检项目。该项目的上马则源于周敏的主动要求。所谓表检，就是对轧制出来的钢板成品进行表面检测，确保其符合客户要求的交付标准。传统上，质检人员通过仪器观察流水线运转的钢板表面，按照质检标准进行人工判定。由于表检环节的定量化程度不像钢铁料消耗环节那么高，加上不同客户的质量要求实际上各不相同，因此完全用机器代替人工进行表检，在全球范围内都是难题。

按周敏的观点，钢铁料消耗项目的难度为"中等"，而智能表检项目的难度"最高"。将这个项目列入试点，颇有些"明知山有虎，偏向虎山行"的意味。

确定方向只是万里长征的第一步。合作团队跨出第二步时，立刻就出现了争执。

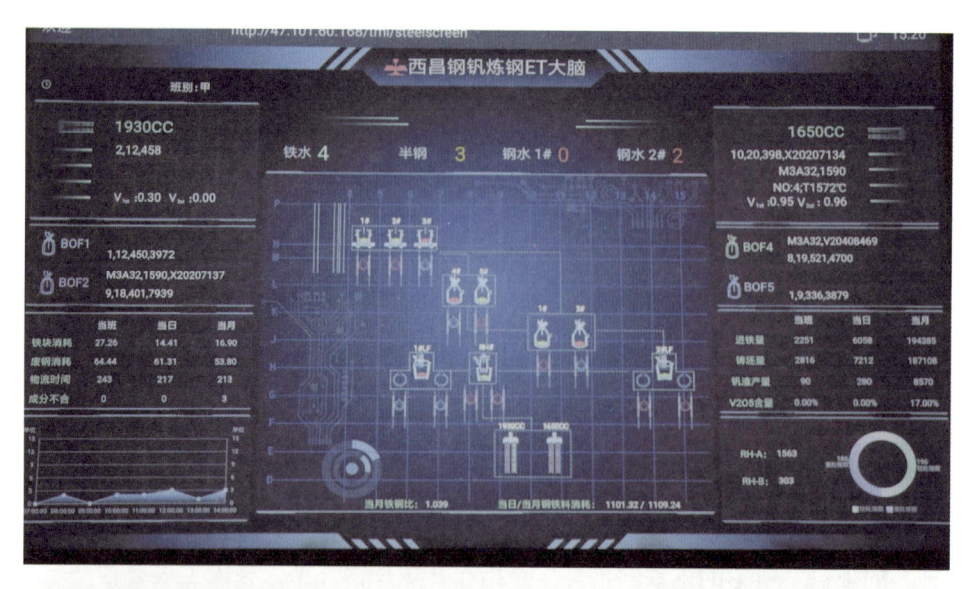

西昌钢钒的第一个钢铁大脑——AI炼钢。电脑开始代替人脑做决策，既保证了钢铁质量，也解放了生产一线的人力

"'吵架'是家常便饭。"周敏认真地说。吵架当然不是敌对，但潜藏的逻辑是，双方无法站在同一个语境中对话。一方面，攀钢人对流程和工艺烂熟于胸，但起初不理解大数据，以为"不是大数据，而是数据大，就是把数据堆叠到一起"。"安全生产""保证质量"这些词像是铭刻在他们的 DNA 里，让他们天然地警惕和怀疑那些看不见摸不着的数据是否真的能够代替人脑来决策。另一方面，阿里云的工程师们虽然坚信数字的力量，但他们在炼钢工艺方面只是门外汉，更没有成熟的案例可供套用，轻率的自信当然绝不足以说服他们的合作者。

在某种程度上，这很像一则寓言故事里发生的情形：各有缺陷的"瞎子"和"瘸子"，试图共同穿越崎岖的山路。

在那则寓言故事里，两个人很快就达成了一致，携手完成了目标。现在，攀钢和阿里云的团队，也需要找到一个携起手来的办法。

克难攻坚

合作协议中的第三方积微物联，适时地成了这个"办法"。

积微物联的总经理谢海，对双方开始合作时的"拧巴"还有着非常深刻的印象。"有一个阿里云的数据工程师——是个水平很高的海归，调研了一个星期后，跟我诉苦，说很难说服他们（指攀钢的技术员）。他说自己把数据、模型、算法这一套东西都讲了，告诉他们可以教会机器干这件事，但他们的第一反应总是：你这个东西能落地吗？凭什么你有了这些数据就一定能算得准、干得好？"谢海最后感叹道，"这时，是需要积微在里面做'夹层'的，因为我们'两边都懂，两边都靠得上'。"

积微的复合背景，使它的工程师既能理解大数据的原理，又能理解

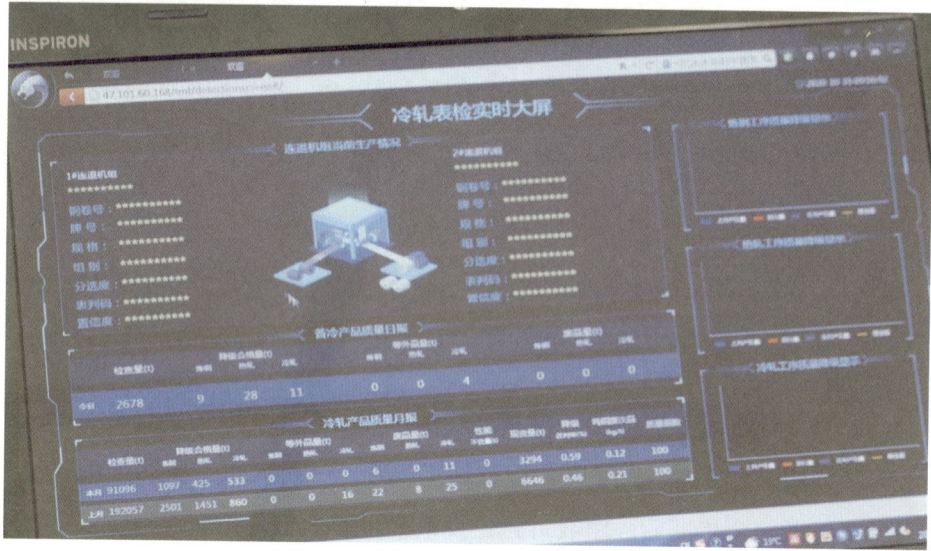

调研中，质检工郑利华为吴晓波展示另一个钢铁大脑——智慧表检。"下表面操作侧零星来料起皮。尾带上下表面零星热轧挫伤……"如今已经高效运转的"智慧表检"项目，可以做到对过检的钢板自动生成精确的缺陷报告

工艺的关键要点。于是,他们一边担任产品经理的角色,把工艺的关键要点和场景需求"翻译"给阿里云的工程师,一边又向攀钢的技术员解释数字化改造的原理和可能产生的效益。如此一来,随着时间的流逝和项目进展的深入,双方之间的沟通障碍渐渐消弭。团队之间的界限感变弱了,整体感增强了。

沟通这样的"软"问题可以交给时间和耐心来解决,项目实施上的"硬"问题,则非要团队齐心协力蹚出一条路来不可。

正如周敏最初预料的那样,在智慧表检这个"难度最大"的项目上,他们很快就啃到了"硬骨头"。

智慧表检,从原理上其实非常容易理解。表检工作有现成的表面数据采集仪器,只要将人工判断的标准进行数字化(比如建立缺陷库),机器进行系统学习后,就可以接入生产流程进行检测,然后自动输出检测报告。将人工检测结果和机器的报告进行比对,如果两者持续呈现高拟合度,就可以认为机器自动检测是"靠谱"的,能直接应用到生产线上。

"智慧表检项目最初的进展其实非常顺利。"周敏回忆道。在完成数字化接入后,团队最初在高质量的汽车板上进行试验。由于机组状态好,表面缺陷相对较少,机器检测与人工检测的拟合度非常高。"这下子我们大家非常高兴,我一开始都相信(项目成功)了。"

但是打击很快到来。从兴奋中冷静下来的周敏随后想到,必须在全场景下进行测试,才能确定大数据模型的可用性。于是,他要求将应用场景从高端的汽车板切换到普通板,再进行测试。孰料,测试结果一出来,拟合度竟然急剧下降。这证明当前的模型适应性不好,如果直接应用于生产线,后果可能是灾难性的!

怎么会这样?所有人都陷入了苦恼。整个团队不得不返工,夜以继日地调试模型，希望找到问题所在，但却迟迟没有进展。在沙漠中找到的绿洲最后被证明是海市蜃楼，恐怕没有什么比这更打击信心的了。

幸运的是，暂时的挫折并没有动摇攀钢数字化的决心。董事长段向东亲自召开项目推进会，帮助大家重拾信心，并明确表示数字化示范项目"必须坚决推"。周敏则在反复检查数据后，要求团队转换思路。他建议，将常规缺陷和超范围缺陷分类处理，重新建立模型。

尽管阿里云团队对他的办法将信将疑，但他斩钉截铁地说："我们先试一步，少讨论，动作快！如果有问题，再想别的办法！"

山重水复疑无路，柳暗花明又一村。在周敏的坚持和团队的努力下，新的方向居然真的走通了，模型的适用性显著提高，具备了生产线应用的价值。阿里云团队激动地说："周总，好像我们真的成功了！"周敏哈哈大笑。在爽朗的笑声中，过往的那些"吵架"，都融化为同舟共济的喜悦了。

无止之境

2019年11月，AI炼钢项目正式上线；2020年2月，智慧表检项目正式上线。因为两个项目都是用"电脑"代替"人脑"进行生产，因此被人们亲切地合称为"钢铁大脑"。

钢铁大脑好不好用，一线工人最有发言权。转炉炼钢工朱小舟，当年是被师傅手把手带了半年后，才算入了门。由于炼钢环节的反应条件和组分十分复杂，即使入门之后，也还涉及熟练程度和注意力的问题。有时甚至仅仅因为操作工的情绪波动，都会导致合金量的少加或错加，这意味着流水线的卡顿和回炉，也意味着成本的损耗。

来料配比计算、运行反馈、故障检测，原来是靠按计算器、用肉眼盯，现在的朱小舟，看着电脑屏幕，就可以高效精准地进行炼钢

    钢铁大脑上线后，变化十分明显。首先，人的工作量大大减少，观察软件、记录数据和按计算器的工作被一键替代，少加、错加配料的可能性被降到了最低。其次，大数据取代了人工经验，能够快速精确地计算出最优解，直接减少了浪费，降低了成本。而且，钢铁大脑就像人脑，具有深度学习的能力，按朱小舟的话说，"最开始用起来不一定怎么样，但是后面感觉它有一个自我修正的过程，会变得越来越准确"。

    质检工郑利华直接参与了智慧表检项目的测试，亲眼见证了模型突破瓶颈、从不可用到可用的全过程，而钢铁大脑对他的"解放"，可能比朱小舟更甚。以往，电脑屏幕上的钢板流水线不停地运动，他不仅必须在上岗期间全程盯着电脑，而且还要时不时地手动输入缺陷位置和缺陷情况，视力和关节都"饱受摧残"。如今，钢铁大脑自动判断缺陷，自动生成缺陷报告，与人工判断的匹配度已经高达92%。像郑利华这样的质检工，再也不需要如履薄冰地紧盯屏幕，只要做好相对轻松的复核工作即可。

通过质检的钢卷通过园区的小火车被送往成品车间

王成品车间，这些通过大数据二次冶炼的钢材等待着被送往全国各地，它们将被制作成家用电器、汽车
的表面，走进千家万户

比起工人们的直观感受，管理层当然看得更加理性，也更加全局。周敏掰着手指头列举成果时，语气中全是自豪与欣慰。

"智慧表检解决的是质量问题，质量是企业的生命线。从我统计的结果看，2020年2月上线至今，我们的表面质量客户投诉为零。要是放在以前，可能会有个五次八次。"每一次质量投诉背后都涉及产品折价或赔偿，而客户满意度的下降更难以简单地用价格来衡量。从这个角度来看，提升质量就提升了效益。

至于AI炼钢项目，其经济效益的体现就更加明显了。"项目上线以后，吨钢消耗铁水减少了4公斤多，而我们一年的钢产量在440万~450万吨。按照1公斤铁水2元钱进行粗算，就可以减少成本3000多万元。此外，由于合金给得更加精准，吨钢消耗合金也可以省下5元钱，这就又省下2000多万元。"

两个项目的成功，极大地鼓舞了人们的信心，原来的那些备选项目也被排上了攀钢的日程表。为了更好地利用数据，找到更多可优化的点，周敏还启动了数据中台的建设，想把原有的16个孤立系统全部打通。对未来展望到了兴奋处，一句"川普"脱口而出："（其他项目）跟数据中台的进度匹配起，继续推起走！"

段向东对这个结果也挺满意："人员精简了，效率提升了，而且马上就产生效益，很快收回了投资。这样的项目，就把远期目标和当期目标结合得很好。"对未来，他再次加重语气说："我们一定要把数字化、智能化转型，作为一个非常重要的核心工作去做。"

现在，他不用再操心怎么给干部职工"洗脑"了。当所有人都看到大数据的力量，他们已经由衷地相信，这就是钢铁工业的未来。

德龙钢铁大脑：
更锐的眼，更快的脑

德龙钢铁的数字化转型带有明显的民企印记，体现了民企的转型速度、广度和深度。在不到一年的时间里，德龙钢铁上马了数据中台，并在产线的四个环节上应用了数字化技术，这是速度；它的数字化改造不局限于某个分厂的产线，而是贯穿全集团各个分厂，并向上下游延伸到交易环节、金融环节，这是广度；它不仅对业务进行改造，而且要求管理理念、企业文化向数字化的方向转变，这是深度。钢铁行业总体上仍然是一个产能过剩的行业，转得快、转得成功的企业，在未来的竞争中很可能占得先机。

——张宇/中国工业互联网研究院政策研究所所长

从"绿色德龙"到"数字德龙"

钢铁大象、变形金刚模型、壁画、博物馆、满眼的绿植……漫步在德龙钢铁文化园,来访的人常常会产生一种错觉,以为自己正在游览一个风景区。

当然,准确地说,这也并不是一种"错"觉。位于河北省邢台市的德龙钢铁文化园,是全国第一家由生产中的钢铁企业打造的4A级旅游景区。或许是因为很早就意识到环保可能成为产能过剩的钢铁行业的"胜负手",德龙集团董事长丁立国提出了"低头弯腰做环保,抬头挺胸说环保"的环保理念。他提出了"绿色德龙"的经营理念和发展愿景,坚持在环保投入上"不设上限",通过超低排放、循环经济、大规模绿化等方式,打造世界级洁净工厂,获得业内外的普遍好评。

不过,对现代钢铁工业这个拥有超过200年历史的"老"行业来说,环保还不是它唯一的未来命题。工业和信息化部2016年印发的《钢铁工业调整升级规划(2016—2020年)》就明确提出要发展智能制造,要"加快推进钢铁制造信息化、数字化与制造技术融合发展,把智能制造作为两化深度融合的主攻方向"。于是,眼望未来的丁立国,在提出"绿色德龙"之后,又提出了"数字德龙"。

但相比在环保上重投入之后的立竿见影,信息化、数字化、智能制造似乎更为"道阻且长"。

"看似传统的钢铁行业,其实在近10年中做了大量的信息化、自动化建设工作,在提高效率、规避风险等层面均发挥了关键作用,但是存在的问题是什么呢?这些系统大都是分散而建,集成度并不是太好,存在诸多的数据孤岛。近年来大家都在思考的一些大的概念,包括大数据、

德龙钢铁文化园内的金刚园,陈列着 215 个"变形金刚",由公司员工采用废旧汽车零件、废旧钢材制作而成,气势擎天,是真正的"抬头挺胸说环保"

人工智能、智能制造、工业互联网等等,真正在行业里实实在在落地的并不是太多。原因在于:如果数字化基础不牢靠,推进模式、路径考虑得不是足够清晰,只是简简单单购置机器人、应用智能化装备,它的连接和应用都会存在很多问题。"德龙集团 CIO(首席信息官)郭玉宾说。

丁立国要的当然不是"问题",而是"答案",而且必须是"行业标杆式"的答案。在和阿里云的团队相遇之前,郭玉宾在数字化转型上的思考已然经年累月,取经的足迹也遍布了海内外:韩国浦项、德国蒂森克虏伯、宝武钢铁集团、首钢集团,甚至于行业外的美的、海尔……行业内外的数字化进展让郭玉宾深有感触,也认定了数字化转型是钢铁行业未来发展的必由之路,但每个企业都有自己的实际情况,具体到德龙集团,转型的抓手和落脚点在哪里,仍是一个非常复杂的命题。

就在郭玉宾为了这个大命题而绞尽脑汁的时候,阿里云的团队适时地上门了。

"第一次拜会客户是在2019年6月28日，当时其实还没有谈数字化转型，而是谈的钉钉。"该项目的阿里云团队负责人回忆说，"当时德龙加新天钢有四五万人，他们有大规模的办公管理的需求。"

就在这次拜会中，阿里云负责人在介绍钉钉的同时，顺便谈到了阿里云在钢铁制造领域的大数据应用。这个"顺便"可谓正中靶心，双方聊了不过一刻钟，郭玉宾就意识到，自己想要的答案正在缓缓浮现。

"数字化转型的核心是什么？是数据有没有真正用于生产经营管理的方方面面。如果数据用不起来，那数字化转型一定是失败的。要把数据真正用起来，一个是要对数据做整合、做治理，另外一个就是通过大数据，面向生产各个环节的管理，通过相关的算法模型支撑管理、工艺、操作等层面的快速优化。在这两个方面，阿里的技术都是非常有竞争力的，这也就促成了我们双方之间的合作。"郭玉宾介绍说。

得益于德龙高效的决策机制，方向一旦认定，后续的动作上来就很快。9月，双方做了一次高层互访，阿里云团队开始进场调研。12月，双方再到阿里云的第一个"钢铁大脑"项目的业主方——攀钢集团进行考察，随后便正式签订了合作协议。就这样，德龙集团的"钢铁大脑"项目，也正式开始了。

"钢铁大脑"的一个底座和四种功能

诚如郭玉宾所言，数字化转型的基础是数据的整合和治理，"钢铁大脑"首先要有一个汇集信息的中枢，然后才能发挥人工智能的计算优势，而这正是阿里云数据中台的强项。也正因为如此，数据中台成了本项目的开篇之作和基础工程。

和许多企业一样，德龙在十几年来的信息化建设过程中，也存在着系统分步建设、数据通用性弱的问题。阿里云的数据中台在系统间构建接口，使数据能够打通整合，同时用一套统一的标准进行数据治理，使以往不标准、难利用的数据变得标准、可用。在底层数据拉通之后，德龙就能针对经营全流程的诸多环节，如生产、设备、库存等，做出可视化的数字看板，让管理人员实时、准确地掌握现场情况，做出更为快速、正确的决策。

有了数据中台这个底座，"钢铁大脑"就有了神经中枢，接下来，就需要发挥其计算能力的优势，把数据的价值提炼到产线上，使数据驱动的智能制造真正落地。对于智能制造，丁立国曾提出"降低成本、提高效率、数据真实、风险可控、贴近客户、贴近现场"六大愿景，双方团队就围绕这六大愿景，结合产线的实际痛点，为钢铁大脑设计了四个具体项目，让"英雄有用武之地"。

第一个项目是炼钢工艺优化。和攀钢类似，在德龙原先的炼钢工艺中，炼钢辅料的添加也是凭借人工经验进行的，"凭经验先加一点儿，化验看够不够，不够再加一点，加到合适为止"。这带来的问题，一方面是人工经验的精度不够，不利于精确控制成本，有时候还可能出现差错；另一方面是拖慢炼钢工序的速度，最后的结果就是影响产量。德龙传统的精益管理做得不错，已经把炼一炉钢水所需的时间从最初的将近40分钟缩短到20分钟多一点，但要继续往上提升，单靠提升管理能力，基本上已经摸到天花板，要依靠数字化、智能化的力量。

阿里云的炼钢工艺优化项目，就是利用大数据算法，在不同的来料、温度、冶炼目标等限制条件下，快速计算出炼钢辅料的种类和添加量。这一方案取代了人工经验的计算，可以将钢铁料的投放计算得更为精准，预估吨钢将节省钢铁料2~6公斤，相当于每年节省成本2000万元左右。

同时炼钢工序也将更加高效，如果每炉钢水节省1分钟，就相当于每天多炼3炉钢，多生产100多吨钢材。

第二个项目叫作废钢智能判级。废钢是没有成为终端产品的钢铁废料，包括切边、切头以及使用后报废的钢铁设备等。废钢不是"垃圾"，而是钢铁工业中仅次于铁矿石的重要原材料，在中国现有的钢铁市场中，废钢占原材料的比例在18%左右。当然，钢铁企业在购买废钢前，首先要对废钢进行"判级"，对不同级别的废钢，以不同的价格标准进行收购。传统上，对废钢的判级虽然有一定的量化标准（比如厚度、重量等），但在具体检验过程中仍然非常依赖于人的经验，带来的问题一是低效率，二是存在一定的危险性（工人需要爬到很高的废钢堆上进行作业），三是定级的弹性化带来了采购上的灰色地带，加剧腐败的可能。

阿里云根据判级规则，结合阿里达摩院的视频分析技术，向德龙提供一整套由机器进行智能判级的解决方案。这种解决方案的实质，是通过视频终端设备（如摄像头）采集废钢的外形特征，然后利用AI算法将这种特征数据化，并进行合理的判级。其中的难点在于怎样让AI算法适应外形千变万化的废钢，使判级准确度接近于资深的工人。"训练的过程需要大量的工作，每一个AI算法可能需要8000组的数据才能训练出来，8000组数据实际上就是8000车的废钢。我们定的指标也很苛刻，智能化的识别准确率要达到95%以上，达到以后就可以完全不用人工了。"郭玉宾说。

第三个项目是热轧表检。在德龙原先的产线上，对钢材表面的质量检验也是由质检员借助仪器进行人工判断。由于钢板流水线的运动速度快，连续生产时间长，这实际上对质检员的注意力和身体素质都提出了很高的要求。而一旦质量检验出现纰漏，由于钢材单位重量运输费用的高企，钢厂难以通过回收重铸的方式进行补救，只能向客户赔偿损失，这不只是成本问题，还有可能影响市场黏性。

阿里云在攀钢的产线上已经证明了通过机器视觉进行自动检测是可行的，在德龙，这套方法论同样适用。而且，阿里云团队还意识到，通过表面检测中发现的一些有规律的瑕疵，还可以反推哪些设备和环节存在问题，这就又引出了第四个项目。

第四个项目叫智能设备管理。以往，钢铁企业的设备运行信息在信息系统中只反馈"0/1"的数据，即设备是否正常运行，对设备的趋势性变化无法进行预警。一旦设备出现故障导致停机，对工厂来说是很大的损失。

现在，阿里云将德龙整个设备运维系统打通，将所有的设备关联起来进行分析。有些设备在温度、振动、转速等因子上偶然会出现异常值，阿里云的智能算法就会从全局的角度去探寻可能的原因。在掌握足够多的数据之后，就可以对设备状态的趋势性变化形成预判，可以向管理人员提前推送预警信息，防范设备严重故障的突然出现。

以上一个底座和四个功能，就构成了德龙"钢铁大脑"一期项目的雏形，借由它，德龙将开启从信息化、自动化向数字化、智能化的跨越。

一件事，一辈子，一直干，一定成

但是，任何突破传统的创新行为，都不太可能畅通无阻，在德龙也不例外。

郭玉宾说："每一件事情的创新都是有过程的，前期一定很痛苦，因为一开始大家大都不相信，只有做出好的结果，大家才会相信。在德龙集团，从决策上（推数字化转型）是没有任何阻力的，但中层管理者和基层员工对这些新的技术和应用，一开始是不理解的。"

就以炼钢工艺优化项目为例，用机器辅助人来决定钢铁料的添加量，这是颠覆了一线工作者的传统认知的，特别是这样的改革在整个行业中还远远没有普及，有限的几家也处于试验阶段。这时，生产一线的各级管理者有些"患得患失"。一方面，对创新怀有好奇心，也希望给公司创造增量价值；但另一方面，又顾虑重重，害怕万一创新失败，反而影响工厂的正常生产，造成产值下降，既影响集团的效益，也影响自身的位置。

针对干部员工队伍当中存在的观望情绪，德龙做了强有力的推动。丁立国董事长非常明确地在内部强调：数字化、智能化建设是一把手工程。既是集团的一把手工程，也是各公司总经理的一把手工程，同时也是各部门的一把手工程，要求全员统一思想，提高对数字化转型必要性的认识。同时，在制度上，德龙也制定了具体的激励措施，根据项目的推进效率实施奖惩制度，鼓励管理者积极推动创新，杜绝守成思想的蔓延。

当然，在项目推动过程中，钢铁和互联网之间的行业差异、文化差异，也会带来双方团队的磨合问题。郭玉宾坦言，双方在做事的方式方法上不尽相同，能力圈也各有长短，相互"顶牛"的事情时有发生。"因为我的团队跟我一样是较真的，我们十几年没有任何一件事情是荒废的，没有任何一个系统是不发挥作用的。我们要么不做，要做就做到行业的极致，要求非常苛刻。而阿里这边也都是技术大牛，他们有他们的观点和思路，大家都会觉得自己是对的。"对于这样的碰撞，只有长时间磨合，完成方式方法的融合，实现技术之间的穿透，才能把事情做成。

好在，双方的目标是一致的，丁立国和阿里云总裁张建锋也两次会晤，共同推动项目的前行。于是，在短短一年时间内，"钢铁大脑"的一个底座和四种功能已经初现雏形，全面验收上线已经为期不远。甚至除了上述项目，阿里云还运用可靠的数据存储与处理能力、优秀的平台搭建能力，帮助德龙完善其独立打造的一个钢铁工业品交易平台——叮当电商平台，以服务钢铁企业和优质供应商，助力阳光采购。阿里云甚至还引入蚂蚁集团的力量，帮助德龙打造了一个供应链金融平台，并已成功实现首笔放款。

而随着数字化项目的不断开展和落地，德龙的人们也渐渐地更加习惯和数据打交道。"现在，我们已经把数字化的理念，以企业文化的形式传递下去，固化下来。有相当一部分的部门和生产工序，已经开始拿数据来发现问题、分析问题、解决问题。"郭玉宾对此感到满意，但他同时也不忘补上一句，"但是，整体的改变还需要过程，还需要时间。"

是的，数字化转型，一直在路上，始终需要时间。或许可以用丁立国的一句话来为德龙的转型做一个注脚："一件事，一辈子，一直干，一定成。"

为了沙漠中的奋进者：
"视人为人"的陕煤曹家滩智慧矿区

一切技术，一切规划，以及一切实践和抉择，都以某种善为目标。

——亚里士多德

工业领域的数字化改造，核心目的是"提质、增效、降本"，而具体形式则多是用大数据、物联网、AI等去替代人工。通过"减人"来提高效率，在方法论上是讲得通的，但它难免会面临伦理的拷问，甚至让人们纠结一个终极命题：人工智能到底会造福人类，还是将毁灭人类？

在陕煤曹家滩智慧矿区这个案例中，我们感受到了技术服务于人的温暖。在这里，尽管也会出于安全和效率的考虑，在高危环节使用机器和算法替代人工，但让人感受更深刻的，是智慧矿区的设计者们，本着"视人为人"的原则，以"人在所有场景下的真实需求"为一切智慧化改造的出发点，细致入微地考虑每一个细节，让数智化的系统去服务人、帮助人，而非以系统为中心，让人服从和受控于系统。显然，比起单纯的产线效能改造，这是更加温暖的数智化未来。

——温珂/中国科学院科技战略咨询研究院研究员

深入大漠

毛乌素沙漠，我国十大沙漠之一，位于陕北榆林市北部、内蒙古鄂尔多斯市以南，面积广达 4 万多平方公里。新中国成立以前，榆林当地人用这样一首诗来形容其环境的恶劣："山高尽秃头，滩地无树林。黄沙滚滚流，十耕九不收。"新中国成立后，在几代人的不懈努力下，榆林沙化土地的治理率已经超过 93%，茫茫沙漠变成了沙地和草甸。不过因为基础设施薄弱，不具备人居条件，毛乌素沙漠依然是人迹罕至的荒凉之地。

白天的毛乌素沙漠被太阳热烈地炙烤着，但仍有许多人默默坚守着将沙漠变成绿洲的梦想

然而就在 2012 年，一群风华正茂的建设者深入毛乌素沙漠腹地，在距离榆林市 50 多公里、距离最近镇区近 20 公里的不毛之地，建起了一个年开采规模可达 1500 万吨的大型煤矿。7 年以后的 2019 年，矿区正式投产，3000 多人聚集于此，为共和国的能源事业奉献青春。

这个矿区，就是陕西煤业化工集团有限责任公司（以下简称"陕煤集团"）旗下的榆北曹家滩矿区。

过去，在很多人心目中，煤矿就是原始、艰苦、粗放、高危等的代名词，然而鲜为人知的一点是，像陕煤曹家滩矿区这样的国有大型煤矿，早已"非复吴下阿蒙"。

"以勇立潮头、争当时代弄潮儿的志向和气魄，力争实现陕煤集团在煤炭行业'四化'建设中争当排头兵的奋斗目标。"这是陕煤集团党委书记、董事长杨照乾在 2020 年发出的号召。

所谓"四化"，是国家煤矿安全监察局在 2015 年前后提出的，指的是煤矿的机械化、自动化、信息化和智能化。像陕煤集团这样的大型国有能源集团，在"四化"建设的过程中，始终处于行业前列。譬如截至 2019 年，陕煤集团管理的 36 对矿井，采煤机械化率达到 100%，掘进机械化率达到 90%，比全国平均水平分别高 21.5% 和 29.6%；辅助生产系统自动化控制率达到 97%，预计将在 2022 年实现工作面无人化，比国家规划提前 8 年。

具体到崭新的曹家滩矿区，其典范的意义还要更强一些。譬如说，这里安装了全国首套智能快速掘锚成套装备和两套快速掘进系统，工人们拿着遥控器就能监督指挥机器干活，自动定位、全断面掘进、自动打锚杆上网，所有工序一气呵成，创下了日单进 91 米、月单进 2020 米的纪录。又譬如说，这里已经在尝试使用巡检机器人、选矸机器人等，降低人工劳动强度和危险性，并计划在 2021 年建成无人化的全智能采煤工作面。

但是，仍然有一些问题困扰着矿区的领导。智能化需要一步步走，无论如何减人，当前在矿区还是需要集中3000多人的队伍。况且，以曹家滩矿区的信息化和智能化现状，需要的人才素质也比以往更高。在这个"前不着村、后不着店"的荒凉之所，要保障生产的安全与高效，就必须能够把人才"引进来、留下来"，可这谈何容易？

"视人为人"的智慧解决方案

对此，陕煤集团的管理层绝非没有考虑。如果说，用智能化的手段提升矿井下的生产效率，可以概括为"智慧矿井"，那么通过科技的力量提升矿区管理水平，提升人的生活便利度和舒适感，就可以称为"智慧矿区"。在曹家滩矿区运营之初，陕煤集团就决定以其为标杆，打造一个高起点、高标准、高质量的智慧矿区。

2020年年初，曹家滩矿区开始对智慧矿区的建设进行招标，4月底宣布选择阿里云为合作方，共同打造井口以上、井口以下全线智能的新矿区。

阿里云带来的智慧矿区方案，包含了两个大的方面。一是对园区的精细化管理，辅助实现高效安全的生产和运营；二是对员工生活的便利性服务，让远离城市的年轻人仍能够同频感受时代的脉动。

在精细化管理方面，阿里云首先对16万平方米的整个矿区进行了3D建模，将园区内原有的全部数据终端（包括3万多个数据点位、200多路视频等）接入，实现了将园区从"物理世界"到"数字世界"的搬运。在把园区"数字化"之后，就能利用公有云的计算能力和大数据、AI等技术，对园区做许多智慧化的改造了。

譬如，可以对摄像数据进行实时监测和 AI 自动识别，覆盖传输带异物、危险区域、人员聚集等各方面，系统能够快速分析安全隐患并及时处置，改变先出事、再处理的传统手段。

譬如，可以利用统一化的数据，将原先各自为政的系统，包括门禁、停车、就餐、打卡、井口综合安检等系统，进行统一整合，将多张卡整合为一卡通行甚至无卡化（面部识别），既方便员工的使用，也便于统一管理。

譬如，可以制作三维可视化大屏，对园区和井下的情况做到实时、全局的反馈，管理运营人员足不出户，就能快速感知、及时反应。

在员工生活服务方面，阿里云特别关注了智能超市和无人货柜的需求。阿里云的工程师在了解现场情况时首先注意到，矿区离中心城镇的距离非常远，这意味着必须保证生活物资的供给"不出矿区"，否则员工的基础生活就得不到保障。其次，煤矿的生产是连续的，煤矿工人一般需要"三班倒"，这意味着员工的购买需求是全时段的。基于此，供应充足、结算方便、全时服务的智能超市与无人货柜是必备的。

此外，阿里云还注意到了很多矿区容易忽略的绿化问题。考虑到矿区身处沙漠腹地，秋冬时节偶有沙尘暴，不仅对整个园区的生产环境造成负面影响，也不利于人的身心健康，阿里云对园区的绿化维护做了一些辅助工作。如引入智能灌溉系统，最大限度地利用好水源，保证园区内绿植的成活率，抵御风沙环境。这也有效提高了园区生活的舒适度。

"按照传统的做法，想做一个煤矿的信息化项目，常常会围绕企业资源计划、财务管理及煤矿安全生产等系统展开，因为这会提升生产效率。但人的需求和感受往往会被忽略，对一些困难或者不便，默认人应该去克服。"阿里云的一位工程师介绍说，"但我们的切入点，就是更加关注各类场景下用户的真实需求，然后围绕需求给出定制化方案。这种原则，我们内部就叫作'视人为人'——怎么把人看作人，让所有东西为人服务，而不是让人跟着某个东西转……举个简单的例子，我们站在曹家滩矿区的一个电梯前面，电梯会自动打开，这是让人很舒服的。类似这样的功能，可能很多人觉得不重要，但它实际上是一种对使用者无微不至的照顾。"

可能也正是这种"视人为人"的智慧化解决方案打动了作为业主方的陕煤曹家滩矿区，他们从强手林立的诸多竞争者中选择了阿里云为项目实施方。在曹家滩矿业总经理雷亚军看来，智慧矿区是个热门话题，但以往单点突破的方式很难带来实质性改变。"阿里云提供的智慧矿区方案能系统解决矿区的老问题。"

沙漠绿洲

经过几个月的建设，截至 2020 年 10 月，除三维可视化等两个较复杂的模块预计将于 2020 年年底正式交付，阿里云设计的其余模块都已基本正常交付。

那么，被智慧化方案"加持"的曹家滩矿区，现在是什么模样呢？

首先，许多场景下的一些重复性的、消耗人体力或有一定危险性的工作被机器人替代了：在公司综合办公楼一楼，一个仿佛不倒翁模样、憨态可掬的机器人在展厅内进退自如，随时接受人们的询问，并向来访的客人介绍园区的种种情况；在井口智能安检大厅，智能扫地机器人依靠着自动加载地图、避让行人、一键召回、自主泊车入位、OTA（空中下载）升级、大数据分析等本领，实现了区域清扫全覆盖；在井下主运大巷，轨道式无人巡检机器人部分替代了人的工作，可在特殊环境下检测和判断设备的运行状态，减少了人员下井的需求，这自然也就提升了矿区的安全性。

其次，员工就餐的地方也处处体现着现代化的智慧元素。有别于从前窗口式的售卖，现在的餐厅在每个消费档口都设置了人脸识别消费机，提高了支付效率，实现了"靠脸吃饭"。菜价也不是按份来定，而是称重计费，这就有利于员工按需取量，减少浪费。此外，在选餐时，餐位屏幕上会显示食物的脂肪含量、热量、蛋白质含量等一系列数据，系统会根据员工在免费体检的"健康小屋"中录入的身体健康数据进行分析，自动为员工提供合理的就餐建议，督促员工养成科学的饮食习惯。

在井口智能安检大厅，准备入井的员工要面对的，是阿里云专门为曹家滩矿区设计发明的一体机，这种一体机将简便而系统地执行以往人员入井所必需的一系列判断甄别工作。首先是通过虹膜识别，确认入井人员身份，判断其是否具备下井资质；其次是通过虹膜和体温的综合识别，判断入井人员是否存在健康隐患；然后是通过酒精检测，判断入井人员是否饮酒；最后是系统随机出5道题，这5道题都与下井作业有关，入井人员必须全部答对后才能进入。这一方面是对其井下作业能力的再确认，另一方面也是为了考验入井人员情绪的稳定性。由于一体机的存在，安检人员的工作量大大减轻，而且效率高，效果也好。因此，在2020年榆林召开的煤博会上，这种井口综合安检一体机也参展亮相，并广受青睐，目前已被其他许多矿区陆续引入使用。

更难能可贵的是，即便员工离开那些人工搭建的智能化场所，徜徉在矿区之中，也能由衷地感受到矿区的变化。曾经，这里是漫天飞沙的沙漠腹地，但现在，矿区内已种植各类乔木3万多株、灌木近21万平方米，全矿区绿化率在24%以上。樟子松等树木棵棵挺立，月季、紫花地丁、白三叶争相开放，有时再下点小雨，几乎是一派烟雨江南的景象，真可称得上是沙漠中的一片绿洲!

"我们在总结这个项目的时候,最后归结为 8 个字:因为有爱,所以温暖。我们带着爱心去做这件事,把出发点放在怎样让这些沙漠中的奋进者,工作方式再便利一点,生活环境再舒适一点。坚守这样的初心不改,最后达到的效果一定会是不错的。"阿里云的工程师这样总结道。

从某种意义上说,这片沙漠中的绿洲,其实是人性与数字技术共同造就的。

东华水泥工业大脑：
"AI 师傅"的大本领

传统行业在进行数字化变革时，最难的是迈出第一步。原因是它们和天生根植于数字的互联网企业有所不同，面对的环境变化节奏没有那么快速而多变，因而大多数时候更追求运行的稳定性而非灵活性，更加倚重和习惯于生产工艺或业务流程的渐进式改良，更倾向于排斥那些"不可预期"的改变。

在东华水泥的产线改造过程中，我们能清晰地看到，传统思维和大数据思维的碰撞几乎无处不在。但幸运的是，在所有可能导致项目停顿的沟沟坎坎面前，东华水泥没有选择放弃。这看上去并不是一场"非赢不可"的战斗，但东华水泥的坚持，让它赢得了数字化时代的入场券。

——郭斌/浙江大学管理学院教授、浙江大学-剑桥大学全球化制造与创新管理联合研究中心副主任

困境破题

2016年，时任山东东华水泥有限公司（以下简称"东华水泥"）总经理的李庆文（现任东华水泥党委书记、董事长、总经理），在严峻的现实面前，产生了深深的危机感。

这种危机感一方面来自短期市场的反馈。2015年，在宏观经济处于调整期的背景下，我国水泥需求出现24年来的首次大幅负增长，全年水泥产量约23.5亿吨，比2014年减少1.3亿吨，全年需求同比下滑超过5%。由于产能过剩，全行业产能利用率仅在67%左右。

另一方面，则来自长期趋势的不容乐观。新经济的崛起吸引了越来越多的年轻人，水泥行业招工难已成常态。而国家对环保的日趋重视，也意味着水泥行业未来在生产效率和节能减排上将面临更大压力。

经过长时间的调研和思考，李庆文给出了自己的"药方"。他提倡，东华水泥一定要走"四化"的战略发展方向，即智能化、绿色化、专业化、工厂化。说得更直白一点，绿色化解决环保问题，专业化和工厂化解决产能结构升级的问题，而智能化，一方面可以应对从业人员的趋势性减少，另一方面也是促使其他"三化"落地的底层基础。

2017年，时任东华水泥副总工程师的徐路接手了智能工厂建设的任务，但在调研了很多方案之后，他也迟迟理不清头绪。智能化变革应该怎样推进，是否真的能够起效果，谁都说不出个所以然来，尤其是在现有设备不做大的改动的情况下，如何实现智能化，在行业内尚无先例。

直到2018年，在股东单位淄博矿业集团有限责任公司（以下简称"淄矿集团"）组织的一场数字化转型对接会上，东华水泥的与会代表被阿里云的方案吸引，主动争取到了做试点项目的机会。

"说实话，我们当时对大数据都不太懂。"回忆起当时的场景，徐路实事求是地说,"之所以想要试一试,首先是出于对互联网大公司技术能力的信任,其次呢,我个人还是比较相信,数据梳理以后是会产生价值的。你想,我们自己手工做的月度报表,都能在一定程度上发现生产经营的问题,那就更不要说大数据模型了。"

在另一边,对阿里云而言,东华水泥也是他们在水泥行业遇到的第一家做数字化转型的客户,因而同样有着巨大的不确定性。好在,完成初步调研之后,阿里云发现,东华水泥的产线自动化程度比较高,数据质量还不错,也就是说,东华水泥是具备做数字化转型的基础条件的。

当然,具备基础条件只是第一步。做数字化转型的关键不是能不能做,而是通过数字化转型能够实现什么。特别是东华水泥这样的国有企业,每一笔投资都要算清预期收益率,否则很难通过决策流程。于是,双方通过前期摸底和沟通,明确将该项目定义为"水泥工业大脑"。这个"大脑"要实现两个目标:第一个目标是能耗优化,预期要将产线上的煤耗、电耗水平降低2%,这一方面能够节省成本,另一方面也能减少排放;第二个目标是稳定质量,因为水泥熟料的强度波动越小,越有助于下游水泥粉磨企业的成本控制,因此,项目预期要将熟料3天强度的标准差降低5%。

2018年7月,双方正式完成签约,东华水泥与阿里云共同组建"山东东华智能制造研究院",用大数据技术,为传统行业培育新动能探路试水。

碰撞,无处不在

几乎所有的新闻通稿都将双方的合作过程说得云淡风轻,但事实上,传统思维与数字化思维的碰撞几乎无处不在。

最早的碰撞甚至发生在双方签约之前。就在阿里云完成初步调研、形成方案之后，东华水泥的领导班子，就到底要不要上马"水泥工业大脑"，发生了一次"大分裂"。当时，一位领导因公出差在外，剩下的班子成员一共8人，在总经理和党委书记首先表态同意上马的情况下，依然有4位班子成员投出了反对票。反对的原因，当然是怀疑像阿里云这样的数据技术公司，"连工艺都不懂，怎么可能改进工艺呢"？

好在公司一把手的态度十分坚定，再加上股东淄矿集团也十分支持，专门组织培训力量，给东华水泥的领导班子讲大数据的原理和应用，这才成功推动了项目的最终签约。

然而，对天堑的跨越并没有就此完成。从阿里云工程师进场的那一天开始，怀疑的声音就围绕着他们。

"他们的产线工人大部分是持怀疑态度，因为他觉得你压根就不懂我的生产工艺，靠什么来改造产线。"参加项目的阿里云架构师回忆道。水泥制造看似"傻大笨粗"，其实涉及上百个工艺参数，在高温煅烧环节，窑内温度可以高达1400~1500℃，对生产过程和结果的判断都是经验性的，没有人精确地知道里面发生了什么，更没有办法精确地了解参数之间的匹配关系。

但阿里云的工程师们，有着越过工艺而直接理解数据的"独门秘技"。为了建成"水泥工业大脑"，他们设计了三个模型：预测模型、优化模型和反控模型。具体地说，预测模型是把所有的历史数据"喂"给机器，利用大数据分析的技术，自行找到参数之间的匹配关系，从而能够预测给定条件下的能耗数据；预测模型一旦成功，就意味着可以逆向破解最优能耗所需要的生产条件，给出优化操作的建议，这就是优化模型；如果优化模型在产线上被证明是可靠的，就可以用机器直接替代人工进行操作，这就是反控模型。

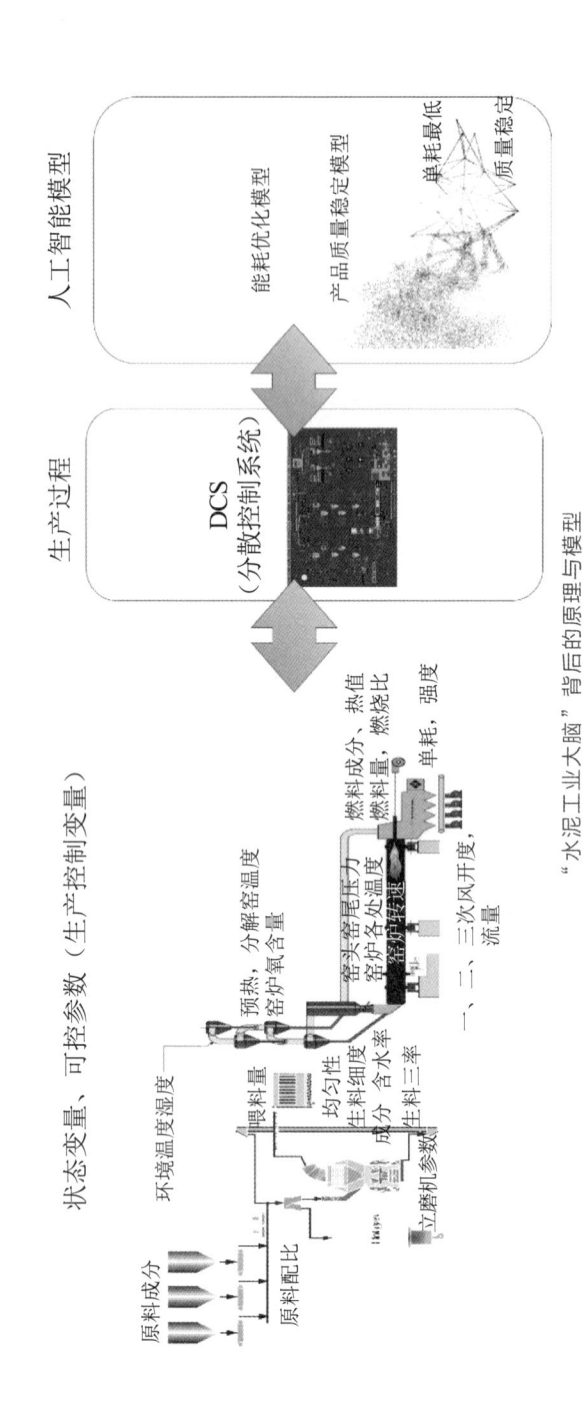

"水泥工业大脑"背后的原理与模型

阿里云的工程师们进场以后，就在东华水泥的工艺专家、工控员们怀疑的目光中，大量采集数据，并建模进行分析。一两个月后，这些完全"不懂工艺"的年轻人，已经可以和东华水泥四五十岁的资深工艺专家，就产线优化的方案侃侃而谈，这下，水泥工业的老工艺员们开始有点佩服阿里云的数据技术了。

但考验还在后面。在预测模型获得成功后，阿里云据此开发出优化模型，并切入产线中。这个优化模型会根据实时数据，为工控员提供操作建议，包括喂料量、喷水量、阀门控制等。然而，出人意料的是，运行一段时间后，人们发现优化模型的效果并不好。

"我后来仔细观察，发现效果不好的原因是工控员不愿意听大数据的指挥。"徐路说，"如果有领导盯着还好，他还会往那个推荐值上去努力；如果没人盯着，他就按照自己的经验来，该怎么操作还怎么操作。说到底，人是有惰性的。"

徐路当机立断，决定直接上反控模型，以消除人为因素的干扰。在反控模型上线前，为了达成共识，减少干扰，徐路特意组织阿里云团队和东华水泥的工艺专家们开了个会，让阿里云工程师介绍反控模型将会控制的参数。然而，让人意想不到的是，就在这个会上，又发生了激烈的争执。

"其中有一个参数，是原料磨循环风机的阀门。按照阿里云算法工程师的说法，这个阀门的调整，对提高产量、降低电耗是有帮助的。但是工艺工程师一下子就跳起来了，说：'这个阀门你不要给我乱动，动坏了怎么办？再一个，你说调这个阀门有效，你的理论依据是什么？'阿里云的算法工程师也不知道为什么，这是大数据算出来的，没有理论依据可讲。"徐路回忆说。

会议一时间陷入僵局。最后，还是徐路用力推了一把，他问："这个阀门如果来回动，有没有安全问题？"工艺工程师的回答是，没有安全问题，但是动得频繁容易损坏设备。徐路拍板说："设备坏了，那是设备的可靠性不行，那我们就去修设备。如果没有安全性的问题，我们就试一试。"

试一试的结果，完全让东华水泥的一线员工们大开眼界。一名一线工控员在试用反控系统后，写下了自己的观察："（反控系统）最大的不同就在于循环风阀门的调整，以前我们人工调整时循环风阀门的开度基本一个班甚至几个班都不变动，（但）反控系统调整得却非常频繁……""同样的设备，同样的物料，人工调整台产460t（吨）就不错了，而反控（系统）的台产平均在470t以上，最高可以到480t。"他在文中由衷地感叹道："短短几个小时就让我感受到了智能系统的强大。"

以终为始

事实胜于雄辩。用大数据武装起来的"水泥工业大脑"渐渐征服了东华水泥上到领导层、下到一线员工的全体人员。大家都意识到，水泥产线上老师傅带新徒弟、代代相传的传统模式，未来一定会转变为"AI师傅"自主实践、人工予以辅助的模式。如今，在东华水泥的产线上，AI系统的上线率已经超过了90%，最高的时候达到99%，除偶发的异常工况需要人为干预之外，"AI师傅"已经可以自主应对绝大部分的生产环境了。

那么，"AI师傅"的实战成绩如何呢？一系列数据可以说明一切。

首先是在节能减排方面。水泥工业大脑上线后，能耗不断降低，连续刷新纪录。2019年全年，企业节约标煤1.86万吨，节电663万度，减排二氧化碳8715吨、氮氧化物202吨、二氧化硫214吨，当年因节

试用反控系统后的一点想法

这两天反控系统在我们班试用了三个小时，短短的几个小时就让我感受到了智能系统的强大。仅是喂料量一个方面就比以前人工调整强不少，同样的设备，同样的物料人工调整台产460t就不错了，而反控的台产平均在470t以上，最高可以到480t，这让我很困惑。于是我开始对比人工、反控的运行参数，寻找差距到底在哪里？其实目前试用的反控系统，调整的参数就三个：1.喂料量。2.循环风阀门。3.喷水量。调整的频率为90S。喂料量是结果，可不做比较。反控系统磨内喷水阀门基本控制在最低限(5%)的开度，喷水量3方左右，和人工调整并无多大区别。而最大的不同就在于循环风阀门的调整，以前我们人工调整时循环风阀门的开度基本一个班甚至几个班都不变动，反控系统调整的却非常频繁，那它调整的目的是什么呢？通过观察我发现循环风的频繁调整是为了稳定入磨负压，基本稳定在-1.1mbar左右，难道这就是关键，为了验证这个想法，今天九点多停用反控以后，我就试着调循环风阀门以稳定入磨负压在-1.1mbar，喂料量果然能提到470t以上，最高479t。各班磨操们，人工调整时可以用我的方法试一下，在此我也想抛砖引玉，谁有什么好的操作方法都提供一下，相互交流学习，稳步提升我们的磨机台产，让我们的磨开一天窑上就得用三天！

HXZP 　　　　　　　　　　　　　　　　　　　第　页

"短短的几个小时就让我感受到了智能系统的强大。"工控员试用反控系统后认真写下的工作感悟，并不是传统思维的败北，而是明证了人类与科技应该在互相学习中共生

能减排产生的综合效益达到 4200 万元。2020 年生产 292 万吨熟料，同比节约标准煤 1.54 万吨，节电 242.3 万度，减排二氧化碳 7187.5 吨、氮氧化物 166.6 吨、二氧化硫 179.5 吨，当年因节能减排实现综合增效 2314 万元。

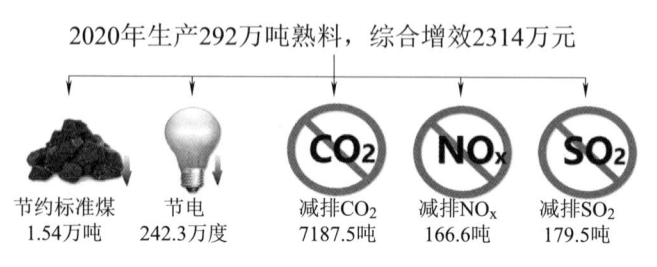

2020年生产292万吨熟料，综合增效2314万元

| 节约标准煤 | 节电 | 减排CO_2 | 减排NO_x | 减排SO_2 |
| 1.54万吨 | 242.3度 | 7187.5吨 | 166.6吨 | 179.5吨 |

"水泥工业大脑"推动节能减排

其次是在稳定质量方面。由于水泥工业大脑"耳听八路，手控四方"，而且不会像人那样存在波动和差异，因此生产条件的稳定性控制要显著优于人工。此外，水泥工业大脑还通过大数据手段，建立起自学模型，找出熟料强度与配方的关系，对饱和比、硅率、铝率等参数进行智能化控制。两种因素叠加，使得在 AI 自动驾驶工况下，水泥熟料的 3 天强度标准差降低了 28.48%。

可以说，水泥工业大脑的开发结果是远超预期的，是大获成功的。但是，这并不是水泥行业数字化转型的结束，相反，这仅仅是一个开始。

"下一步，我们会向全行业推广我们的成功经验。另一方面，我们也坚定了数字化转型的方向，正在考虑第二期项目的方案。"徐路说。

在这位行业专家看来，我国水泥行业的转型空间还非常大。

这种空间在用人效率上表现得非常明显。同样规模的一条生产线，国外可能只需要十几个人，而国内还要上百人，差距以数倍计。究其原因，一方面是产线的自动化程度还有提升的空间，但更重要的因素在于，产业链上下游的整体标准化程度、数据丰富度都不够，所以很多问题不得不用人工的手段来解决。

徐路举例说："生产熟料最大的原材料是石灰石，我们对石灰石的直径范围有一定的标准，但如果上游的破碎机出问题了，给我们送来了大石头，那怎么办？我们只能在下料口用箅子去把石头挡住，再用人把它搬出来。"而如果全产业链上下游的标准化、数字化做得足够好，下游企业就可以提前测算石料的大小是否符合标准，甚至可以从石料直径的变化趋势来推断上游破碎机锤头的磨损程度，向上游企业发出备件更换提示，形成比较良性的产业链内部协作。

"路还很长，也急不得，但是，我们国家现在正在朝着这个方向走。"徐路坚信，在"十四五"期间，随着国家科技战略的推进，随着各类传感器、机械装备的升级，行业上下游的数据肯定会趋于完善。基于全行业数字化转型的趋势，东华水泥也正在准备做一套水泥行业数字化转型的数据标准，来促成全行业的数据互联。

可以想见，在不远的未来，由于全行业数据互通，整个水泥行业就可以在一张大的工业互联网平台上运转，让所有供应商、服务商、制造商的能力实现网络化协同，让全行业的效率得到大幅度的提升。到那时，"AI师傅"的能力将远远超越产线的局限，而为全社会贡献福祉。

以一带千，集群"智"造：
德恩云造的产业互联网探索

德恩云造通过与阿里云的合作，运用大数据的力量，对产线能力进行改造，建立数字中台，强化了数据治理能力，实现了系统排程结果准确率高达 90%，交期预测准确率超过 80%，设备资源利用率提高 8%，排产效率提高 70%；并在此基础上，用大数据平台去聚合产业链上下游，对产业价值进行重塑，形成了基于工业互联网的新型生态。尽管这一尝试还处于初级阶段，要把理论价值兑现，还需要克服很多未知的阻碍，但是基于工业互联网构建新型产业生态，实现生产方式和组织形态的变革，具有重要意义。

——张宇/中国工业互联网研究院政策研究所所长

第四章 大国重器，走向中国制造 2025

从数据治理开始

四川省眉山市青神县，位于成都平原西南部，北接眉山市东坡区，南邻乐山，西望峨眉，全县人口不足 20 万，县城建成区不足 10 平方公里。尽管"其貌不扬"，这里却诞生了一家中国机械零部件加工行业的细分龙头——四川德恩精工科技股份有限公司（以下简称"德恩精工"）。

德恩精工是创业板上市公司，成立于 2003 年，是国家级高新技术企业、国内带传动细分行业的领导者，拥有 40 余个国家和 50 余个行业的优质客户群，主要客户包括 ABB、格力电器、三一重工、SKF（斯凯孚）、日本阪东、中联重科等世界知名企业。就公司自身的实力而言，德恩精工拥有"铸锻—机加—热表—总装—包装—仓配"一体化的全产业链制造服务体系，配备有 10 余条自动化铸造和锻造生产线、百余台数控加工中心、千余台各类数控加工机床、10 余条自动化涂装生产线、50 余条机器人柔性制造生产线，产品包括皮带轮、同步带轮、链轮、齿轮、联轴器、锥套、胀紧套、工业皮带等，细分种类超过 10 万种。

尽管对这家行业领军企业而言，一般中小企业所担忧的产能、订单、融资成本等问题，似乎都不是大问题，但是德恩精工也有自己的"烦恼"。

它的烦恼与行业现状有关。机械零部件加工业属于典型的离散型制造业，产能和产品都呈现高度分散的状态，这使得德恩精工在扩张的道路中，必然地走向了"多品种、小批量、全工序"，即产品种类繁多，单批次制造量少，工序流程长且较复杂。在这种条件下，规模效应无法发挥，产品的单位成本难以压降，交付周期相对较长，而库存也常常居高不下。"高交期、高库存、高成本"成了压在德恩精工头上的"三座大山"。

针对这些问题,德恩精工当然也动过脑筋,通过经验预测、合理排产、强化和细化生产管理和库存管理等手段,确实取得了一定的效果。但人力有时而穷,管理上的调整效果很快就会撞上天花板,而且稳定性也不够,任何环节上出现的一次疏漏,都会造成成本的上升、效率的降低。

于是,德恩精工的管理层开始认真思考,如何突破传统经营管理方式的局限,从根本上改善"三高"的现状。

答案随着时代的进步而慢慢浮现。和其他许多行业一样,机加工行业也逐步经历了从机械化到自动化、信息化,再到数字化、智能化的发展阶段。作为细分行业的领导者,德恩精工较早地完成了自动化、信息化的改造。在具备了比较完整的 IT 架构之后,德恩的目光自然而然地望向了未来。

"企业的自动化、信息化到一定程度后,我们构想未来的工厂,一定是 IT 系统直接和现场的产线、仓储或者运输结合起来的,我们称为 IT 和 OT① 的融合。更进一步,我们还在思考,要让工厂真正地实现智能化,就一定要借助大数据的技术,把以人为主导的传统决策体系改变成以数据为支撑的科学决策体系,这样就变成了 IT 加 OT,再加 DT(数字技术)的三者融合。通过这种融合,我们希望把自动化的工厂,升级成数字化的工厂。"德恩精工董事会秘书兼副总经理谢龙德这样回顾道。

---

① OT,即操作技术(operation technology),业界一般指工业企业生产运营过程中需要运用的软硬件技术的统称。

正是基于这样的思考，2018年3月，德恩精工选择与阿里云合作，探索以数字技术改造工厂，解决"三高"难题。

德恩非常清楚，要解决"三高"难题，首要的关键在于"数据治理"，只有将原先彼此分割、不能利用的数据提炼出来、运用起来，才能有效提升管理运营的精细化水平。

而这，正是阿里云的强项。双方很快开始在公有云上进行数据中台的建设，借助数据中台的能力，销售、生产、研发、库存、物流等原本分隔的IT系统及其数据得以集成。随后，基于公有云的算力支撑，团队将复杂的历史数据导入算法模型，同时通过持续学习的方式进行优化，实现了订单预测、智能排产、仓储优化等功能。

数据带来的决策智能化，效果是十分显著的。以生产排程为例，原先德恩在接到销售订单后，需要人工分解到各条产线上，产线负责人又要将计划分解到具体的机器，工人在完成生产计划的同时，还需要做好手工报工。全程手工作业，效率低不说，准确性往往也大打折扣。

而中台项目完成后，情况则大为不同。"目前，销售预测和排产是完全和我们的IT系统一体化集成了。销售预测能做到自动预测，未来要生产什么型号、多少数量、什么时间完成，结合客户的非标订单，直接生成排产计划，下发到每个加工单元，产线直接执行，中间不需要任何人工干预，也取消了所有的手工作业。我们现在全厂只有一个计划员，他干吗呢？他只需要决策，通过现实数据的反馈去优化我们的决策模型，日常事务就不用干了，从流程性的工作中解放出来了。"谢龙德如是说。

由于智能化决策的来源是大数据，其精度和效率都远非人工所能比拟，在运行中台两年后，德恩精工的销售、库存管理、生产排程、智能供应链等都有不同程度的提升,实现了系统排程结果准确率高达90%,交期预测准确率超过80%,设备资源利用率提高8%,排产效率提高70%,"三高"问题得到了极大的改善。可以说,德恩精工的数字化改造完全达到甚至超出了最初的预期。

德恩精工的产业互联网畅想

按照常规的逻辑,事情做到这里,就算是成功了,但是德恩精工的思考已经超越了公司本身。

"在做这件事的时候,我们又想到了另外一个层面。就是说我们投入了那么多人力物力,花了那么大力气去做企业内部的转型,由此形成的智能制造的能力,包括我们长期以来积累的设计能力、订单获得能力等等,能不能从企业独有的东西变成一个可以复用的资源?"谢龙德说。

绝大多数企业对核心竞争力往往视若珍宝,秘而不宣,德恩却反其道而行之,这也与行业现状有关。前文提到,由于机加工行业的产品极其细分,不利于形成规模效应,因而这个行业的市场集中度也很低,存在大量的小微供应商。这些小微供应商可能只有几台机器、几个工人,能生产有限种类的产品,一年也只需要有限的订单就可以存活。但是,无论是德恩精工这样规模较大的供应商,还是小微供应商,在目前的格局下其实都各有痛点。

对小微供应商来说,痛点在于因规模有限,往往只具备制造能力,缺乏上到设计、采购,下到渠道开拓的能力,经营稳定性低,同时经营成本、资金成本相对较高,挣的都是辛苦钱;而德恩精工这样规模较大的公司,由于设计能力较强,渠道稳定,故订单流量容易发生拥堵,有些时候产能反而会成为瓶颈。也就是说,在很多时候,两者之间其实并非简单的竞争关系,甚至有潜在的互补性。

但是,德恩精工的构想似乎还不止于简单的行业内互助。"中国是一个制造大国,但还不是一个制造强国,因为很多产业还存在小、散、乱的现状,无论是在用户体验方面,还是参加全球竞争,都是不利的……我们认为未来的全球竞争,一定是产业之间的竞争,而非单个企业之间的竞争,而产业的竞争优势就来源于产业链内部的协同化、集群化。所以,我们觉得未来一定需要细分行业,每个行业需要有一个产业平台,去支撑产业的协同化、集群化,去支撑企业的智能化。"

要建设这样的平台,就必须实现设计、制造、运维服务、销售等能力"随手可得",而这一定离不开"云"的技术。于是,德恩精工将自己所构想的平台,称为"德恩云智造"工业互联网平台(简称"德恩云造")。

2019年8月,德恩云造平台正式开启建设,除了由阿里云负责架构搭建、算力算法支持等工作,德恩还引入了电气工程巨头西门子、世界第三大管理软件开发公司赛捷等实力强大的合作伙伴,共同投入这项创新性的工作。德恩精工董事长兼总经理雷永志出席签约仪式并亲自担任德恩云造公司的法定代表人,充分展示了一把手的决心和意志。

那么,这个极具创新性的"德恩云造"平台,将会怎样实现产业的协同化、集群化呢?首先,德恩云造能将德恩精工自身的能力产品化,并以此完成与产业链伙伴的连接,成为一个"连接器"。具体而言,德恩精工将自身的设计、采购、制造、设备运维等能力直接在线化展示,对下游客户而言,它们可以直接上平台下订单;同时,小微型的制造商、设计商、服务商也可以接入这个平台，只要具备某一环节的核心竞争力，又能从平台低成本地获取其他环节的服务，就同样可以获取订单。这样，平台就实现了设计协同、制造协同、服务协同、供应链协同，德恩精工自身的订单拥堵问题、小微供应商的经营不稳定和高成本问题，都可以在平台上得到解决。

当连接具备一定规模后，德恩云造就将变成一个产业价值的"放大器"。此时，平台上的产业生态系统搭建完毕，德恩云造进化成为机加工行业的"天猫商城"。这样，德恩将不再是一个重资产的制造业企业，而是一个轻资产的平台运营商，它就可以开拓出原先单纯的"接单—制造"模式下无法企及的想象空间。譬如说，由于平台上的供应商有相似的物料需求，德恩就可以通过统一采购放大采购量，形成更强的议价能力，并将这种能力赋予小微供应商；由于订单量、采购量、产能、交期都可知，德恩也可以利用自有的仓储能力，帮助小微供应商低成本解决库存的问题；由于订单、资金在平台上闭环运行，德恩甚至还可以引入供应链金融，帮助小微供应商解决资金成本的问题……

在这种"利他"逻辑下，平台促成了行业增量价值的产生，而非存量价值的争夺，因而能形成显著的正向循环，驱动商流（交易量）、数据流、资金流、物流等"四流"良性运转，德恩云造也就能成为一个真正有流量、有生命力的产业互联网平台。

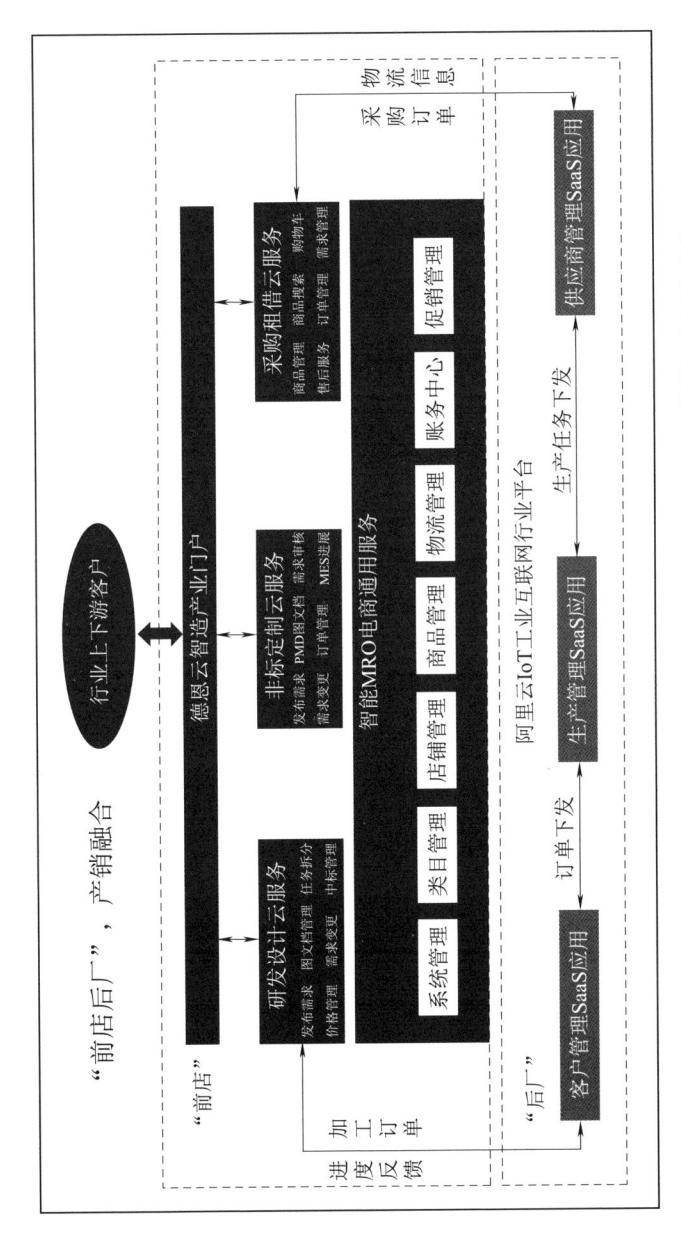

第四章 大国重器，走向中国制造2025

"前店后厂"，产销融合

行业上下游客户

德恩云智造产业门户

研发设计云服务
- 发布需求 图文档管理 任务拆分
- 价格管理 需求变更 中标管理

非标定制云服务
- 发布需求 PMD图文档 需求审核
- 需求变更 订单管理 MES进度

采购租借云服务
- 商品管理 商品搜索 购物车
- 售后服务 订单管理 需求管理

智能MRO电商通用服务

系统管理　类目管理　店铺管理　商品管理　物流管理　服务中心　账务管理　促销管理

阿里云IoT工业互联网行业平台

客户管理SaaS应用 → 生产管理SaaS应用 → 供应商管理SaaS应用

"前店" 加工订单 / 进度反馈　"后厂" 订单下发　生产任务下发　采购订单 / 物流信息

阿里云IoT工业互联网行业平台促进业务的正向循环，促成了行业增量价值的产生

171

千里之行，始于足下

前途是远大的，道路是曲折的。

"未来的方向一定是这样，但因为它是创新，没有可参考的东西，走的路一定会比较艰难。"对远大的理想毫不动摇，但雷永志、谢龙德们也并不缺乏直面现实的勇气。

构建云造平台的困难是多层次的。

首先，平台的终极目标是生态系统，光德恩精工自己相信是不够的，还需要行业伙伴们相信并参与。但这并不容易。

"大家都在说，要进入工业4.0时代，要转型。但是如何转？如何快速、低成本地转到位、转成功？大家对这些问题其实是缺乏共识的。我们给出我们的解决方案，有些产业伙伴是愿意参与的，但也有觉得不现实的，也有觉得不全面的，也有些局限于自己的资源积累暂时选择观望……"谢龙德说。

就像马云谈到的，很多人是因为看见而相信，只有很少一部分人是因为相信而看见。产业互联网之所以难以像消费互联网那样倏然而起、席卷天下，是因为每个细分产业涉及的痛点、难点都各不相同，而涉及的相关方又特别多，利益考量也不一致。但也因为如此，产业互联网的可为之事极多，想象空间极大，用该项目的阿里云负责人的话来说："穷尽我的一生，都看不见产业互联网的天花板。"

好在，更多的人依然愿意向前走。谢龙德说："德恩精工在走的过程中，得到了我们的地方政府和行业协会、商会联盟的大力支持，还有很多企业老板积极参与，这是德恩精工愿意将想法付诸实施，并且坚持下去的一个支撑。"目前，德恩云造平台已经上线灰度测试，不少合作伙伴开始试用平台中的很多功能，并提供自己的使用反馈。

但更深层次的困难只能探索者们自己想办法来克服。

"我们目前最大的困难，就在于平台中各种具体细节的决策。细节决策非常难，我们讲，天使在想象中，魔鬼在细节中。"谢龙德开了个玩笑。如今，和团队讨论平台搭建中的具体业务细节，已经成为他的重要工作内容。"我们都希望业务流程能够满足行业未来的发展趋势，但问题是，到底未来是什么？它应该怎样呈现才是最合理的？"

举个简单的例子，假如在德恩云造平台上撮合一笔交易，这里面就有着无数的选择题。譬如，客户的订单按照什么样的原则分发到云工厂？如何确认生产进度和完成资金分批次划转？负责质量检验和设备运维的服务商如何切入交易环节？用什么方法可以让服务商更好地服务到制造商？什么样的模式可以让用户更加方便地获得制造资源来定制产品？这当中其实有很多抉择，每个维度的决策都很难。

对于这些困难，新生的德恩云造只能摸着石头过河，一点点探出路来。"大的原则是先做大家有共识的点，对确实有分歧的，那就多沟通，然后选一个方向，先走通再说。只有在走起来以后才能发现问题，持续改进，不断完善，这样平台就起来了。老是想那么多困难，不去迈出第一步是不行的。"和阿里云合作多了，谢龙德脑子里也上了互联网企业"小步快跑，快速迭代"的那根弦。

从现实情况来看，即便还没有到达终点，"小步快跑"也产生了许多意想不到的效果。譬如，在建行业平台的过程中，德恩和阿里云之间互相碰撞，相互改造对方的脑子，阿里云的行业平台思路渐渐从"飘在天上"转为"落在地上"。而德恩精工也因为平台型思路的渗透，而产生了职能机构、业务流程的重构。譬如说，德恩精工的设计部门变成了一个设计公司，维修部门变成了一个维修公司，车间变成了云工厂，这种业务单元的再精细化，本身是数据驱动决策的一种必然结果——它改变了以人为主导的决策体系所必须仰赖的上传下达的组织架构，同时也确实提升了效率，反过来证明了产业平台是切实可行的。

"所以说，一定要先上路。也许你预先设定的方向没有走通，但可能偏偏在另外的方向上看到了好风景，对不对？只要你在路上走，总会遇到机会。"谢龙德最后总结说，"走在路上，比去到哪里，更重要。"

是的，千里之行，始于足下。也许，若干年后，走在路上的德恩云造，就能看到一幅产业互联网的美丽风景。

03

人民需要什么样的城市

1905 年，一位名叫陆士谔的上海青年，一边行医，一边开始疯狂写作。直到去世，他一共创作了百余部小说。

在 32 岁这年（1910 年），他完成了代表作《新中国》。这是一部以梦为载体的幻想之作。主人公陆云翔做了一个梦，梦里的上海是一派全新的繁华景象：道路宽阔，车马往来不绝；把地掘空，筑成隧道，安放上铁轨，日夜亮着电灯，电车于此飞驰不绝；跑马场（今人民广场）附近建起新上海舞台。

本书最令人称奇之处，是写到上海将举办万国博览会（即世博会）："一座很大的铁桥，跨着黄浦，直筑到对岸浦东……开办万国博览会，上海没处可以建筑会场，特在浦东辟地造屋。现在，浦东地方已兴旺得与上海差不多了。"

100 年后，陆士谔的梦想化为现实。2010 年 5—10 月，第 41 届世博会在上海举办。有媒体刊文：百年梦想、百年风云、百年变迁让人百感交集，陆士谔们殷切期盼的新上海、新中国巍然屹立于世界的东方。

上海世博会的主题是"城市，让生活更美好"。组织方旨在通过各参展国的展示和系列活动，回答一个问题——什么样的城市让生活更美好？

在城市化不断加速、科技改变生活的时代背景下，这是一个常问常新的议题。

世博会举办10年后，浦东迎来了开发开放30周年，国家主席习近平在庆祝大会（2020年11月12日）上的讲话，或许可以作为这个问题在当下最权威的回答。

"人民城市人民建、人民城市为人民。城市是人集中生活的地方，城市建设必须把让人民宜居安居放在首位，……要提高城市治理水平，推动治理手段、治理模式、治理理念创新，加快建设智慧城市，……把城市建设成为人与人、人与自然和谐共生的美丽家园。"①

这将是未来一段时间里城市发展的指导方针。

人是城市的主体，城市是人活动的场所。过去的城市发展，一切以经济建设为纲。未来，宜居安居、提升人民幸福感将是城市发展的核心动力。人民对美好生活的向往，将是智慧城市的建设方向。

加快建设智慧城市，用信息技术赋能城市治理，让数字红利惠及每一个人，建设和谐共生的美丽家园，不仅是施政所向，也是民之所望。

---

① 《人民日报》2020年11月13日02版。

*

过去 30 年，以"铁公机"为代表的传统基础设施建设经历了飞跃式发展。尽管我们的铁路营业里程和公路通车里程都已经位居世界第一，但是民众对于交通的感知，比如节假日出行、城市早晚高峰通勤，仍然难言满意。降低城市拥堵、提高出行效率的呼声，已然汹涌。

中共中央、国务院 2019 年 9 月印发的《交通强国建设纲要》（以下简称"纲要"）提出了两个分阶段目标：到 2035 年，基本建成交通强国，人民满意度明显提高；到本世纪中叶，全面建成人民满意、保障有力、世界前列的交通强国。

纲要提出的"三个转变"，代表着未来数年交通行业的发展方向，其中最重要的一条，旗帜鲜明地提出了"交通发展从追求速度和规模，向更加注重质量和效益转变"。

纲要里的高频词，是"智慧"和"智能"，共出现了 21 次，强调了"推进数据资源赋能交通发展"。

我们的道路越铺越多，交通网越织越密，但代表着速度和规模的传统基建，终将慢下来，或许即将慢下来。在这种情况下，用数字技术加强对传统交通体系的赋能，就成了可以最大提升交通效率、提升出行体验的主要选择。

交通是物理世界的网络,网络是数字世界的交通。智慧交通,是道路网络和数字网络的结合,是传统基建与数字新基建的结合,是未来一切要素得以快速流动的前提和根本。

我们是交通大国,但不是交通强国。智慧交通建设的全面铺开,将使我们向"人悦其行、物畅其流"的交通强国加速迈进。

第五章

数字中国,让生活更美好

数字中国的浙江窗口

浙江之所以成为"数字中国"的一个重要窗口,其中的关键因素,是浙江一脉相承、一以贯之地重视政府数字化改革,以政府有为促进百姓受益、企业有利、市场有效,以数字政府撬动数字经济、数字社会,推动党政机关、各行各业、社会方方面面的数字化转型。

另外,新基建是"数字浙江"建设的支撑和动力。新基建本质上是数字基础设施建设。阿里云很多已有的技术,就是属于新基建的一部分。比如我们的云计算能力,对于城市大脑来说,一定是非常重要的基础设施。

——许诗军/阿里巴巴集团副总裁、阿里云智能数字政府事业部总经理

数字中国 20 年"简历"

2000年国庆节前夕，回国一年多的王钦敏[①]写给福建省政府的一封建议信引起时任福建省省长习近平的关注。

王钦敏在1984年36岁时出国留学，研究板块构造和地球信息科学。到了1998年初，国际上提出了"数字地球"的概念：以数字化、可视化、网络化形式构建地球信息模型，以便于相互协作、共建共享。

研究"地球"的王钦敏意识到，这是新的时代浪潮，决定回国投身其中，在福州大学创办了地球信息科学与技术研究所。

王钦敏那封信的主题是，用"数字地球"模式来建设"数字福建"的建议。王钦敏回忆：想不到，10月12日，就收到整整一张纸的批示回复，非常细。"他自己在信里写道，我当组长，成立数字福建领导小组。"[②]

在王钦敏收到回信仅半个月后，"数字福建"被写入福建省委提出的"十五"计划纲要建议——"建设以实现国民经济和社会信息化为目标，以信息资源的数字化、网络化和信息共享为主要内容的'数字福建'。"

如果说"数字福建"是数字中国的思想源头，那么紧随其后的"数字浙江"，则是习近平亲自擘画、亲自部署的"一号工程"。

2003年1月16日，在浙江省十届人大一次会议上，习近平又提出："数字浙江是全面推进我省国民经济和社会信息化、以信息化带动工业化的基础性工程。"[③]在这一论断的指引下，浙江省制定了《数字浙江建设规划纲要（2003—2007年）》，全面启动"数字浙江"建设。

[①] 2000年起，王钦敏历任福州大学副校长、福建省科技厅厅长、致公党中央常务副主席、第十二届全国政协副主席、全国工商联主席。
[②] 摘自2018年4月19日《福建新闻联播》。
[③] 新华网，2003年1月16日，http://www.zj.xinhuanet.com/special/lianghui/lianghuitegao/lianghuitegao25.htm。

时光荏苒。到了 2015 年 12 月 16 日，在乌镇举办的第二届世界互联网大会上，国家主席习近平站上了开幕式的演讲台。他在致辞中首次提出了"数字中国"，标志着这一举措将推向全国。"中国正在实施'互联网+'行动计划，推进'数字中国'建设。"①

2017 年 10 月 18 日，"建设数字中国"被写入了党的十九大报告，被提到了国家战略高度。

2020 年 10 月 26—29 日召开的中共十九届五中全会，进一步强调加快数字化发展，坚定不移建设数字中国。

20 年来，从数字福建，到数字浙江，再到数字中国——通过这些精确的时间节点和语录重现，我们可以清晰地看到数字中国的推进轨迹，也可以看到这背后的中国决心。

打开"窗口"，看数字浙江

2020 年 3 月 29 日至 4 月 1 日，习近平在浙江考察期间发表重要讲话："努力成为新时代全面展示中国特色社会主义制度优越性的重要窗口。"②

建设"重要窗口"，既是对浙江提出要求，又是给予充分肯定。

2003 年以来，浙江始终把推进"数字浙江"建设作为重大战略工程持续推进，一张蓝图干到底，一任接着一任干。

2003 年，率先开通以政务公开为主要内容的省政府综合门户网站；2006 年，电子政务实时监督系统启动建设；2010 年，开通省政府网上办事大厅，运行网上审批服务；2013 年，在全国率先推出"四张清单一张

---

① 新华网，2015 年 12 月 16 日，http://www.xinhuanet.com//politics/2015-12/16/c_1117481089.htm。
② 中国共产党新闻网，2020 年 6 月 28 日，http://cpc.people.com.cn/big5/n1/2020/0628/c64387-31761011.html。

作为全国第一个上线防疫健康码的城市，杭州这种快速响应的能力源于十余年数字政务化技术的积累

网"建设；2016年，创新开展"最多跑一次"改革，数字经济被列为"一号工程"；2018年，启动实施"政府数字化转型"，打造"整体智治、唯实惟先"的现代政府。

浙江省大数据发展管理局（以下简称"浙江大数据局"）副局长蒋汝忠认为，数字中国建设，浙江利用好了先发优势，已形成示范效应。"我们以数字化改革为总抓手，来撬动各领域各方面的改革，以数字赋能实现省域治理科学化、精准化、协同化、高效化，建立一套适应数字化时代的生活方式、生产方式、治理方式。"

"浙江可以说干在实处、走在前列，形成了建设数字浙江的生动实践，为在全国层面的复制、推广积累了重要经验，也为观察数字中国的建设提供了重要窗口。"阿里云总裁张建锋表示。

接下来，让我们透过"浙江之窗"，看见数字中国。

掌上办事：从最多跑一次，到一次不用跑

每个人，从呱呱坠地到青葱少年，从成家立业到华发苍颜，需要跟

各种办事手续打交道。

拿"出生"这一件事来说，孩子生下来，得先办出生证明，再上户口，接着办医保、社保。原来办这些事情，至少要跑4个部门、填7张表、提交13份材料，依次逐项全部搞定，没十天半个月不行。如今在浙江，办理新生儿相关事项，只需在"浙里办"App动动手指，填上父母、孩子姓名和出生日期等简单信息，一天之内电子证件全部到手，纸质证件可一周之内快递到家。

"伴你一生大小事"是"浙里办"的口号。它是浙江人民"掌上办事"的总平台，汇聚了650个便民服务应用，包括出生、入学、就医、养老等个人事项，也包含公司创办、投资审批、清算注销等法人事务。

截至2020年12月，"浙里办"有5300万实名注册用户，已非常接近全省5850万常住人口（2019年末统计）的数量。浙江省内所有的政务服务事项，80%可以"掌上办"。

传统的政务服务改革，1.0版本是设立办事大厅，人们集中去一个地方跑几个窗口就可以了。政务服务2.0是"一窗受理"，一个窗口办理所有事项，前提是自己准备好所有材料。

"你知道浙江省一天的电子证照调用数量是多少吗？日均48万次，也就是说，老百姓每天少交了48万份纸质证照。"在2019年云栖大会数字政府峰会现场，浙江大数据局局长金志鹏说。

"掌上办事"，省下的不只是"复印件"，还省心。以前有个说法，和"衙门"打交道，门难进、脸难看、话难听、事难办。在线办的好处是，既不用进门，也不用见面，用手指点一点，事很快办好。

群众办事的"小变化"，背后是政府运行的"大变革"。近年来，浙江以政府数字化转型为动力，不断提升政务服务能力，实现"数据多跑路，群众少跑腿"。

2016年12月,浙江首次提出了"最多跑一次"改革,推进政务服务进入数字化时代。

在改革最初,存在着不少质疑和担心:"最多跑一次,目标是不是太高了?真的能实现吗?万一做不到怎么办?"

目标越明确,行动就越有力。曾有专家如此评价:"最多跑一次"这个提法,接地气、记得住。对政府工作人员而言,它是明确的目标要求;对办事群众、企业而言,它是明确的预期结果;对全面深化改革而言,它是明确的工作抓手。

为此,浙江省委率先成立了"跑改办"(最多跑一次改革办公室),每月召开一次各部门一把手必须参加的工作例会,研究政府的数字化转型。

用了4年时间,"最多跑一次"从理念化为实践,由承诺成为现实,受到群众企业的一致好评,得到中央的充分肯定,成为各地学习数字政务的榜样。

2020年11月,浙江大数据局与阿里云再次联手打造的"政务服务中台2.0"在第二届世界互联网大会发布。这代表着浙江政务服务的"升级加码",建设"掌上办事之省"的进度得以加快。

阿里云数字政务中台事业部总经理田群喜表示:"政务服务中台2.0,围绕提升老百姓获得感,以数据共享进一步提升政务服务体验,减窗口、减材料、减环节、减排队、减跑腿,变'跑一次'为'不用跑',变'现场办'为'网上办',变'网上办'为'随手办''就近办'。不仅老百姓办事体验变好了,从政府侧,受益于中台完整的数字化工具体系,平台运营的理念也逐步深入人心,有了更多的应用数据和科学方法,办事体验得以不断迭代改进。同时,高质量和低成本也不再是矛盾的,基于中台强大的技术支撑,浙江全省高频事项以低代码的形式,在短短半年时间内就完成开发上线,陆续向老百姓提供服务。"

政务中台成为地方改革创新的加速器和生产力工具体系,把技术开发转化为业务开发。强大的自动化、智能化场景融合能力让各地集成创新变得更加容易,通过配置化实现各种创新场景,地方的各种事项的集成办理模式可以因地制宜、自行创新,好的经验可以自动形成标准模式全省推广。

截至2020年12月,浙江省3800多个政务服务事项的网上可办比例达100%,掌上可办比例超过80%,375个事项可免填表格,410个事项可免交材料,104个事项实现"双免",34个事项实现"智能秒办"。

阿里云总裁张建锋介绍,政务服务中台2.0能够更加智能地帮助群众办理各类政务事项,比如自动识别办事意图并进行分发、全程辅助申请人办理、自动配置政务事项等。这些智能化应用能为群众提供更加个性化、精准化、主动化的政务服务,让政务服务像网上购物一样,不仅方便,同时也是一次愉悦的体验。

在线办公:政府的数字化转型

群众办事用"浙里办",方便快捷。公职人员用"浙政钉"在线办公,协同高效。

"浙江最早提出'最多跑一次'改革时,在有些县市,变成了'干部代替群众跑'。后来一再强调'数据代人跑',在掌上办事见到成效后,领导又提出了公务员办事是不是也能只跑一次。"曾作为"浙政钉"开发总指挥的田群喜回忆。

"浙政钉"的设计初衷,是打造一个协同平台,将政府部门数字化、组织架构数字化，政府人员实时在线，在这个基础上实现部门之间的沟通协同和流程打通，实现机关内部的"最多跑一次"。

截至2020年11月底，浙江有138万公职人员（包含36万名基层网格员）运用"浙政钉"工作，构建起省、市、县、乡镇（街道）、村（社区）、小组（网格）六级互联互通的全天候在线数字政府。

此外，通过内置的1248个办公辅助应用、51万个内部工作群，"浙政钉"打造了强协同、提效能、促公开、助决策的政务新模式。

这么庞大的政务通讯录，有何不同？"浙政钉"项目经理朱毅介绍："多层级、百万级通讯录，可以实现通信从层级化向扁平化转变，沟通由点对点向工作群多点对多点转变，全省级的任务下发和反馈由以往的几天级迅速压缩为分钟级，效率提高近百倍。"

近一年的运营数据显示：使用"浙政钉"Ding消息到达率为100%，确认率达96.8%，平均处理时长为3分24秒。

在浙江大数据副局长蒋汝忠看来，作为浙江省党政机关的一体化数字平台，"浙政钉"经历了三个创新突破的历程。

一是技术的突破，即从单一的即时通信工具，向强大协同能力支撑平台转变的历程。

二是管理的突破，即从以文件落实文件、简单命令的方式，向事前充分沟通、事中实时协同、事后在线监督转变的历程。

三是观念的突破：从感觉被"钉"住到时空自由的历程；从被动接受、产生抵触到积极使用、密不可分的历程；政府工作人员责任感、使命感不断增强的历程。

此外，在"浙政钉"平台上，浙江打造了全国唯一的全省统一掌上执法和监管系统，定点、定人、定流程、定内容，全程留痕，实现了"掌上执法"和"对监管的监管"。执法、监管一部手机全搞定，全程标准化、电子化。进一次门，查多件事，跨部门联合监管，让企业受扰最少。

田群喜说，浙江通过政府的数字化转型，把权力关在笼子里，权力是标准权力，事项是标准事项，办理是标准办理，对协同效率、服务态度、服务行为进行全过程的数字化，从而由管理型政府变成服务型社会，实现小政府大社会。

2020年5月26日，国务院办公厅电子政务办公室发布《省级政府和重点城市网上政务服务能力调查评估报告（2020）》。报告显示，浙江省网上政务服务能力总体指数为96.73，位列全国第一。

蒋汝忠表示，浙江的政府数字化转型，是刀刃向内的政府治理革命，政府立足于更好地为人民服务，运用数字技术对施政理念、方式、流程、手段、工具进行全方位、系统性、重塑性变革，推动省域治理科学、精准、协同、高效，实现治理体系和治理能力现代化。

城市大脑：杭州献给世界的礼物

2020年3月31日下午，国家主席习近平来到杭州城市大脑运营指挥中心。他观看了"数字治堵""数字治城""数字治疫"等应用展示，对城市大脑提升城市治理能力的创新成果表示了充分肯定，并指出，让城市更聪明一些、更智慧一些，是推动城市治理体系和治理能力现代化的必由之路，前景广阔。他希望杭州在建设城市大脑方面继续探索创新，为全国创造更多可推广的经验。[1]

时间回溯到2016年初，"十三五"规划的第一年。在杭州城南云栖小镇，为这座城市打造一个"大脑"的计划开始萌芽生根。首倡者——

---

[1] 新华网，2020年4月4日，http://www.xinhuanet.com/2020-04/04/c_1125814356.htm。

中国工程院院士、阿里云创始人、杭州城市大脑总架构师王坚说过一句流传很广的话：世界上最遥远的距离，是红绿灯和道路摄像头的距离，它们在一根杆上，却从未被数据连接。

交通，成了第一个试验的领域。2016年10月，杭州城市大脑交通系统1.0上线，城市的"眼"（摄像头）和"手"（红绿灯）的动作开始协调起来，很快取得成效。2017年，杭州拥堵排名从2015年的全国前3位下降至第48位。

2018年，杭州城市大脑综合版上线。这意味着，从"治堵"迈向"治城"，从单一交通领域扩展至城市治理多个领域，杭州建成了全球第一个真正意义上的城市大脑：以云计算等互联网技术为基础设施，利用丰富的城市数据资源，对城市进行全局实时分析，让数据指导城市的思考、决策和运营，有效调配公共资源，不断完善社会治理，推动城市可持续发展。①

截至2020年12月，杭州城市大脑已建成涵盖警务、城管、交通、文旅、卫健、房管、农业、环保、应急、基层治理、市场监管11大系统、48个场景的162个数字管理平台。

会思考的"大脑"，给杭州带来了什么？最显著的改观，是城市治理由经验判断转向了数据分析，公共服务由被动应付转向了"掌上推送"，最重要的变化是——让城市生活更美好。

举几个例子：杭州市在3年净增120万人口、40万辆汽车，总路面通行面积因地铁施工等因素减少20%的情况下，道路平均通行速度反倒提升了15%。②

为救护车提供一键护航，自接到报警消息，系统精确控制通行路段红绿灯，自动打通绿色通道，确保救护车一路畅行，全市救护车平均快了7分钟。

---

① 《在线》，王坚著，中信出版社，2018年。
② 《杭州让城市更聪明更智慧》，《人民日报》，2020年6月17日。

1
夜晚的拥堵,让归家的人更觉孤独,让人们能早点回家,是一座城市微小又温暖的进步
2
城市大脑让中国的智慧城市上了一个新的台阶,在交通方面,呈现了一幅颇具当代意义的"车水马龙"图景

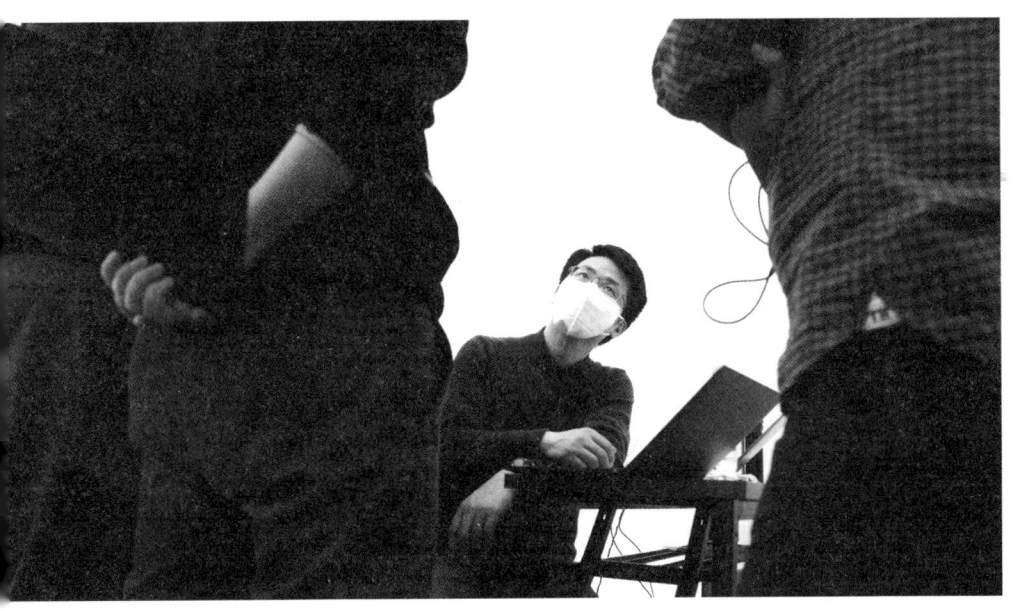

3

4

3/4
阿里云项目团队参与了打造健康码的全过程,工作人员不眠不休,将健康码从杭州经验推广为中国经验

254家医疗机构接入"舒心就医"应用场景，患者实现"先看病后付费"，既可以在院内一次性自助付费，又可就诊结束回家后用手机支付。

首创杭州健康码、复工复产数字平台、"亲清在线"补贴平台等，为"战疫情、促发展"提供重要支撑。

上线城市大脑"民生直达"平台，人社、残联等10余家单位的100多项惠民政策事项精准推送，平台自动匹配信息，查找服务对象，政策主动"找人"。

掌上办事、便捷泊车、欢快旅游、非浙A急事通、街区治理等多领域的惠民便民举措，让聪明的"大脑"看得见摸得着。

"城市大脑是杭州献给世界的一个礼物，就像当年罗马给了世界一个下水道，伦敦给了世界一个地铁，纽约给了世界一个电网。"

在浙江卫视《2019思想跨年》的演讲台上，王坚说了上述这番话。他认为，城市大脑的作用在于，利用数据和计算，实现城市资源的精准匹配——它将像电网、地铁一样，成为"数字时代"一座城市最重要的基础设施。这一基础设施，超越已有的网络以及传统的信息化，是城市数字化的基础设施。

紧随杭州之后，城市大脑项目在全国遍地开花，争奇斗艳。据不完全统计，目前全国有500多个城市在布设城市大脑。[1]

在习近平调研城市大脑30天后，杭州市召开了"深化城市大脑建设工作推进大会"。

杭州市委书记周江勇表示，杭州将持续做强做优杭州城市大脑，不断完善城市治理现代化数字系统解决方案，奋力打造全国数字治理第一

---

[1]《城市大脑，杭州献给世界的礼物》，《都市快报》，2020年11月5日。

城，努力成为全国智慧城市建设的"重要窗口"。①

数字乡村：与智慧城市同频共振

城市与乡村，千百年来守望相依。进入数字时代，农业、农村、农民不能被忽视。城乡应该站在整体智治的同一起跑线，向着数字社会的目标携手并进。

缩小城乡数字鸿沟、建设数字中国，乡村的数字化不仅是城市建设的必要补充，更是激活城乡一体化的重要力量。②

当城市大脑闪现智慧火花时，在浙江10.55万平方公里的土地上，数字乡村与智慧城市同频共振，跃动的数据与绿水青山交相辉映，绘就了一幅新时代的富春山居图。

数字经济蓬勃发展的浙江，将领跑优势覆盖到了乡村。农业农村部发布的《2020年全国县域数字农业农村发展水平评价报告》显示，全国数字农业农村发展总体水平为36%，浙江总体水平为68.8%，全国数字农业农村"先进县"，浙江获评20个，占全国100个的五分之一，双项居全国第一。

近年来，为贯彻《数字乡村发展战略纲要》和数字中国建设，浙江以"城乡一体的整体智治格局"为目标，通过产业数字化、治理数字化以及服务数字化等举措，建设了一批数字乡村的典型示范区。

湖州市德清县，推进全域数字治理向乡村深度延伸，实现"数字乡村一张图"的智治新模式。通过引入阿里云"城市大脑"，归集58个部

---

① 《周江勇：持续做强做优杭州城市大脑》，微信公众号"杭州发布"，2020年4月30日。
② 《让城市和乡村更聪明更智慧》，《浙江日报》，2020年12月19日。

门的282类基础数据，实现产业发展和乡村治理可视化、数字化、智能化，目前覆盖所有137个行政村，促进了当地乡村生产、生态、生活的"提档升级"。

宁波慈溪，通过打造"一中心一平台五应用"，即一个农业农村大数据中心，一个三农数字化工作平台，生产管理、流通营销、行业监管、公共服务、乡村治理等五大领域的数字化应用，实现了农业生产管理高效化、农业服务便捷化、乡村治理数字化等目标。

绍兴嵊州，通过数字化技术实现了全年养蚕，这里已经没有了"春蚕到死丝方尽"中"春蚕"的说法。"全龄人工饲料工厂化养蚕"颠覆了数千年来的传统养蚕模式，将深刻改变浙江乃至全国的丝绸产业。过去，年产1万吨鲜茧需要10万蚕农，如今在智慧车间里200名工人就能完成，实现了家蚕饲养的集约化、规模化、标准化、常年化和工厂化。

"我们探索开发了数字乡村'3+2+N'建设模式，即互联网、物联感知网、政务网这三张智能感知网，阿里云基础平台、数字乡村保障体系这两大基础保障，还有围绕着乡村政务、农业和养殖等板块建设的N套信息化系统应用。"阿里云华东大区总经理肖文珍介绍。

此外，作为数字经济的重要组成部分，电商近年来在农村发展迅猛。阿里研究院发布的《中国淘宝村研究报告》显示，2020年全国淘宝村达5425个，浙江以1757个在全国遥遥领先。淘宝村的兴起带动了周边村镇的发展，吸引人才返乡，进一步促进本地农业发展、农民增收，为乡村振兴提供了新动能、新载体。

应急减灾：防汛抗洪装上了"大脑"

2020年入汛，中国共出现30多次大范围强降雨。6月30日8时

18分,受强降雨云团影响,金华市婺城区、金东区出现暴雨、局部大暴雨的恶劣天气。

在金华防汛抗旱指挥部里,几乎所有人的目光都汇聚在一块大屏幕上。作为本次防汛工作的指挥中枢,"金华防汛大脑"正在运行,一边在大屏幕上实时显示各类汛情信息和数据,一边结合多方信息进行大数据推演,对未来可能发生的灾情进行提前预警,并迅速提供相应的指挥调度方案。

阿里云为金华打造的防汛大脑,集成监测预警预报、致灾风险评估、抢险救灾调度等多环节功能,通过"浙政钉"串联起市—县—乡—村—网格员五级,并联市级各部门,实现防汛防台全过程精密智控。

滂沱大雨中,一条又一条指令从"防汛大脑"接连发出,各项抢险救灾工作都在有条不紊地进行。

金华全市布设了将近1000个水雨情的遥测点,5分钟之内就可以接收1000多个数据。还有一些监控设施,实时采集传输险情状态,实现了全领域、全天候、全流程精准监测。金华防汛大脑有一套致灾风险评估数据模型,能在灾害发生之前,让人们了解可能会发生什么样的灾害,提供更多的时间准备防汛,从而减少损失,避免人员伤亡。

当天,通过防汛大脑提前发送的紧急预警信息,相关部门、区域争取到了"黄金时间",有惊无险地度过了这场大暴雨。

在对2019年的"暴力梅"、超强台风"利奇马"和2020年超长梅雨期的7轮强降雨防御过程中,防汛大脑发挥出关键的辅助决策作用,为最大限度减少灾害损失发挥了重要作用。

小流域山洪一直是汛情防御的重点和难点。现有评估机制的依据是实测降雨,往往转移人员时山洪已经爆发了。防汛大脑融合实测降雨和短临预报,将预警时间提前0.5~3小时,为实施人员转移争取黄金时间。

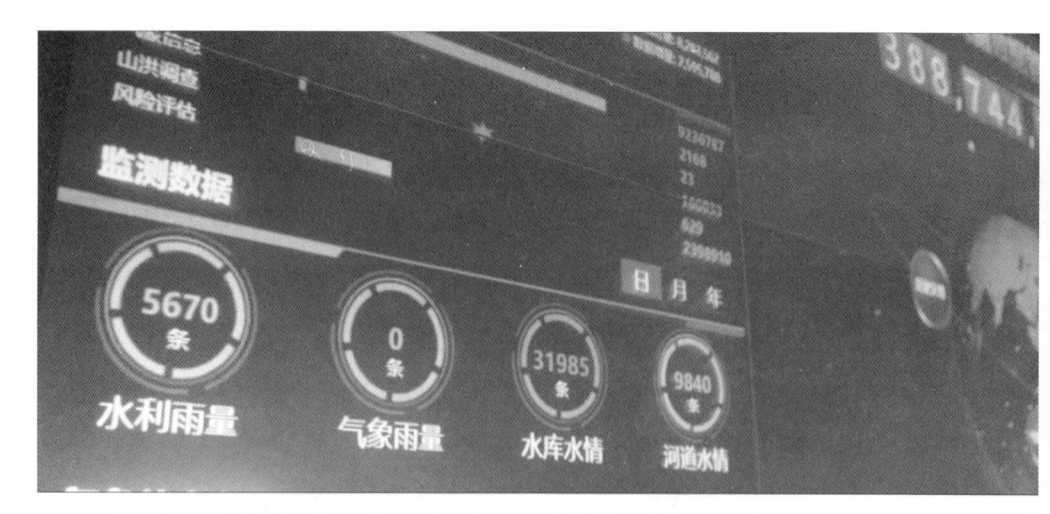

防汛大脑的一端是防汛指挥决策平台（上），包含监测预报预警、致灾风险评估、应急响应联动、抢险救灾指挥 4 个模块。另一端通过"浙政钉"串联起各级乡镇干部

有了防汛预警以后,人员伤亡有了大幅下降。汛期的雨水漫得很快,一些老房子的墙壁有坍圮的危险,但很多老人都不愿离开,接收到预警的当地干部只好把他们背走

2019年和2020年汛期,金华全市共发生200多起小流域山洪,因及时预判预警、提前转移,灾害损失降到了最低程度。

此外,防汛大脑可以全天候智能分析比对监测数据和未来趋势,一旦达到应急响应启动条件,系统自动向指挥部发出相应提示。2020年梅雨季的7轮强降雨和台风"黑格比"登陆期间,防汛大脑共精确评估山洪灾害、地质灾害等中、高风险危险区域提醒20余次,涉及县区域150余次。

智慧旅游：
识得庐山真面目

旅游产业是一个正在高速发展的行业，同时它也面临着消费升级和新中产的崛起，消费体验需要升级。升级最重要的内容，就是提供多元化、个性化、便捷化的服务，满足游客需求。

当我们每一个人进入旅游场景的时候，我们的吃、穿、住、行，所有碎片化的场景，都可能被重构，进行新的场景化设计。全覆盖的数字景区，可以把这些碎片化的细节通过融合行为串联起来，从而提高景区的服务质量，让服务变得更加有温度，让体验变得更加美好。

——秦朔/中国商业文明研究中心发起人

"流量景区"的烦恼

2000年国庆节,第一次推行休假7天的"十一"黄金周,庐山就变成了"堵山"。

庐山风景区管理局信息中心主任程再庐清晰地记得当时的状况,从山顶到山脚全是车,一动不动堵了25公里,最夸张的时候,车流蜿蜒从景区堵到了九江市区。

锦绣谷是庐山的景点之一,这里有一条崎岖陡峭的山道,正常情况下走完全程需半个小时,在黄金周的人流高峰期,山道被人群塞得水泄不通。"每级台阶上都站满了人,人挨着人,人挤着人。"

这个地处江西省九江市,北濒长江,东临鄱阳湖的5A级风景区,在此后连续近20年的时间里,一旦遇上"五一""十一"假期,便局部失控。

庐山是景区里的流量明星——中国最美十大名山、首批国家旅游名片。2019年,庐山接待游客达到7102.25万人次,旅游总收入520.32亿元。

大自然赋予的自然美景,让庐山自带"匡庐奇秀甲天下"的光环,而千百年来的文人墨客和政治领袖,都在以不同的方式为其"导流"。

据统计,从古至今,有4000多人为庐山写诗作赋,流传作品多达1万余首。几乎每个人打小就接受着关于庐山的宣传,"人间四月芳菲尽,山寺桃花始盛开""飞流直下三千尺,疑是银河落九天"等描写庐山的诗句,不仅是小学课本上的必背诗词,还可能出现在高考试卷中。

而在近代,庐山则成为政治名山。它是民国的"夏都",也是国共洽谈合作抗日的谈判地,中共中央在20世纪50年代末至70年代初于庐山举行了三次重要的会议。

在旅游业,名气和人气往往互相成就。名气越大,人气越旺;人气越旺，名声越响。但当景区客流量吞吐能力不强时，盛名所带来的流量，便成为困境和负累——旅途变囧途、庐山变"堵山"再次证明了这一点。

此外，庐山不仅具有"旺季太旺、淡季太淡""二次消费频次低"等景区通病，它还被其他的"疑难杂症"困扰，其中由"大"引起的游览、管理两方面的问题非常突出。

庐山不是一座孤立的山体，而是由群山组成：整个山体南北长29公里，东西宽约16公里，山体面积达302平方公里，山峰有171座，共计12个景区、474处景点。

"不识庐山真面目，只缘身在此山中。"如果不仔细做攻略，即便有导游带领，游客也未见得能"胸中有丘壑"，这会直接影响游玩体验：山上山下往返跑导致体力不支；因为景区太大、时间有限而留下很多遗憾；想去"望庐山瀑布"的人走了西线，而瀑布在东线，因为低估了两边的距离而只能放弃……

手握"天赋异禀"的旅游资源，庐山如何提升游客体验？如何提高管理效率？

2020年，庐山找到了破解之道——与阿里云展开合作，打造智慧庐山、数字景区。

庐山风景名胜区管理局党委书记、庐山市委书记李甫勇表示："站在有利于庐山旅游事业长远发展的基础上，我们与阿里云展开合作，大手笔干成事，按照国际水准、全国一流、江西最好的标准，推进智慧旅游全覆盖，打造数字景区。"

程再庐深信，游客在全覆盖的智慧旅游服务模式中，体验感会变好，他说："方便、快捷、有趣的旅游体验，是会产生口碑效应的，最终进一步推动我们的营销，吸引更多游客。"

但是不用担心人流量的增加会为景区增加负担，程在庐分析称："因为智慧管理启用后，景区人流的管控，以及配套的服务都是高效、有序的。"

智慧管理：一脑全分析，一屏晓全况

在正式打造"互联网＋全域旅游"新模式之前，庐山在智慧旅游的道路上已经摸索了很久。当刚开始推行数字景区时，庐山便成为全国20个数字景区的示范区之一。

起步早，问题也多：管理者们总是各自为政、单点突破，为了鉴别票务真伪，就上线二维码查票系统；地质灾害隐患严重时，马上做地质灾害排查系统；智能停车场兴起时，紧跟趋势上马智慧停车……

如此一来，每个系统都沦为信息孤岛，不仅对运维能力要求高，而且对管理成本、管理效率和质量都极不友好。

因此，将数据汇总共享是庐山实现智慧旅游的第一步，庐山大数据中心由此诞生。中心汇总所有数据，进行综合分析后，有效帮助管理者做决策，可以做到"一脑全分析"。

在前端，人流量、天气、舒适度等各种数据，以及对票务销售、门禁、游客数量趋势的分析判断，通过综合管理智慧平台呈现，即"一屏晓全况"。

这种模式提高了管理效率和质量。比如，当某个景点显示出人流量大的趋势，后台会给游客发送拥堵预警的信息，同时工作人员也会对游客进行分流，从而避免拥堵，也有效配置了景区资源。程再庐记得，以前的人流高峰期，经常会出现某几个景点爆满，但许多景点无人问津的情况。

对于管理者来说，因为景区太大，搜救、雷电预警、防火等应急问题变得异常艰难。以雷电预警为例，当工作人员收到气象部门的雷电预警信息后，马上赶往具体位置通知游客，但是庐山太大，雷电来得又急，工作人员可能还在路途中，目的地已经电闪雷鸣了。

平台对安全应急事件的处理效果更是立竿见影。在庐山，部分危险区禁止游客进入，在过去的管理体系中，只能以警示牌提示。智慧平台则让监控遍布庐山，一旦有人越过警示线，视频系统便会自动采集信息发送给平台，并发出预警提示处置。

防火机制也是如此，只要采集到火种信息，便会发出警告，工作人员及时赶到现场进行劝阻。

据阿里云庐山项目架构师陈曦介绍，团队在做规划时面面俱到，小到游客呼救的应急机制、景区内一个井盖的移动信息等各种场景都考虑在内。

此外，长效管理也是陈曦及团队考虑的重点。以遗产保护为例，早在1996年，庐山便以"世界文化景观"被列入《世界遗产名录》，因此，庐山现存的珍稀植被、湖泊及别墅建筑群，都是重点保护对象。智慧管理平台不仅能对景观的湿度、温度、污染区域等进行实时监测，还能捕捉到人为破坏行为，从而为治理方案提供数据基础。

智慧服务：一部手机游庐山

智慧旅游不仅让身处其中的管理人员"识得庐山真面目"，也让游客没有了"横看成岭侧成峰，远近高低各不同"的茫然。现如今，只需一部手机，游客便可以畅游庐山。

紧紧围绕旅游的六大元素——行、食、住、游、娱、购，阿里云开发的游庐山小程序，可以让游客在线完成游前、游中、游后的全部事项。

游前的所有准备工作都能在手机里完成，比如机票、火车票、门票购买，酒店预订，餐饮安排，智能行程规划等事项。

游玩中，智能服务则涵盖了路线导览、租车服务、停车场车位情况、区域导览、语音讲解、便捷检票等各种功能。这种精细化的服务，极大地方便了游客。

以检票为例，智能行程规划会提前帮助游客"避雷"，为游客提供多个入口选择。此外，检票也由人工变成了"人脸识别"，几秒钟即可通过。这让排队检票的情况几近消失。

进入景区之后，小程序提供路线导览。曾经，景区内部是导航的盲区，导航软件只能提供景区大门外的服务。现在，联合高德地图开发的小程序，打通了景区"最后一公里"，旅途几乎没有死角。

细节之中见功夫，以厕所为例。根据导航，游客能在景区快速找到厕所。除此之外，庐山厕所的舒适度也提升了游客的体验。背后的原理是，管理人员可以通过系统监测到厕所的实时情况——空气湿度、水温、香氛使用情况、手纸与洗手液数量、垃圾情况等各种细节。

智能服务一直延伸到游后。过去，当游客遇到糟心事可能投诉无门，现在，只需要通过小程序便可以投诉，也可以向景区提建议。

除了基本服务的赋能，智能服务的形式还在升级，比如小程序可以提供景区语音讲解，让游客深入理解庐山的文化。讲解形式多元而丰富，比如当扫码某个景别时，手机上会出现该景别对应的文字介绍以及相关的诗歌、字画。

AR（增强现实）、VR（虚拟现实）在线游的模式，则利用虚拟现实系统对景点进行三维建模，更生动逼真地体现景点全貌，使游客获得身临其境的感受，这意味着游客在手机上就能一睹庐山全貌。陈曦认为，随着旅游业的蓬勃发展，人们对旅游的要求会越来越高："在线化、体验化、场景化是智慧旅游的亮点，也必将成为旅游业下一个十年的发展趋势。"

智慧营销：多场景覆盖，全域谋发展

在李甫勇的记忆中，早在互联网和电脑在中国刚刚兴起的时期，就有很多游客通过网络了解庐山后慕名而来。随着移动互联网的兴起，更多人通过携程、飞猪等专业旅游 App，主动或被动地接受宣传，来到庐山。

当然，现在庐山启用的"互联网＋全域旅游"新模式，在营销方面早已不是单向宣传这么简单。在他们的规划里，立体营销矩阵的建立，将让游客和庐山联系得更加紧密，最终提升庐山的经济收益。

比如说，游客扫码进入 Vlog 小程序，后台便可自动制作出游客在景点最佳位置和视角的游玩短视频，一些游客会将视频分享到抖音、微博、微信等平台，那么，关于景区的二次传播就轻松完成了。

另一个直观的例子是，游客可以在游庐山小程序，或者与之连接的第三方平台，购买当地的土特产、文创产品。以前，只能在景区实体店购买商品，有时游客会因为商品体积大、体重大放弃购买，线上下单、快递到家则让交易变得更容易。另一方面，实体店消费是一锤子买卖，线上平台则意味着续购的可能。

李甫勇认为，门票收益在未来旅游中的比重一定会降低，因此，提升游客在景区内的二次消费体验就特别重要。庐山的线上购买平台，无疑是提前为未来布局。

淡季游客为什么不来？为什么来庐山游玩的湖北人多？为什么来庐山旅游的年轻人比重不高？为什么某景点在下午时段更受欢迎？这些问题都能够在线上平台中找到答案，而答案的意义是为管理者提供突破口，解决问题，提升服务，增加收益。如此，便形成了一个良性循环。

庐山既是景区，也是城市。这意味着，庐山的智慧旅游不仅要服务景区和游客，也要赋能城市发展。这一点，阿里云团队也有充分考虑，在他们的数据架构里，有一组数据专门为政府部门监管整个旅游产业服务。比如，游客给全市酒店、餐饮等相关配套产业的评价，或者入住率情况，均能准确反馈给政府机构，政府部门在进行监管的同时，可以根据实际情况调整政策，从而推动产业和城市的协同发展。

峨眉山上第三朵云：
人在游，数在转，云在算

"全域旅游"首次出现，是在 2017 年的《政府工作报告》，指的是将一个大的区域作为旅游目的地来建设和运作，以旅游业带动和促进整个区域的经济社会协调发展。

峨旅股份和阿里云合作打造的智慧文旅行业云平台，通过多维数据源的融合与智能分析，为游客、商家、政府机构提供多元化服务，催生传统旅游行业变革与新生，实现对当地旅游产业运行的动态监测，为产业发展提供更加科学的分析依据，辅助政府制定旅游产业的发展策略，推动建设全域的智慧旅游，进而促进当地旅游经济的快速、健康发展。

——苏峻/清华大学公共管理学院教授、清华大学智能社会治理研究院院长

峨眉山上的第一朵云，是自然界真实的云。

在著名的科幻小说《三体》里，作家刘慈欣借瓦西里中尉之口写道："这让我想起了那天夜里峨眉山的云海。那是中国的一座山。在那山的顶上看月亮是最美的景致。那天夜里，山下全是云海，望不到边，被上空的满月照着，一片银色。"

金顶观云，是峨眉"四大胜景"之一。峨眉山高差达 2500 米，云层多在海拔 1000~2000 米，峰高，云低。晴天时，在峨眉山最高处的金顶看脚下白云从千山万壑冉冉升起，顷刻，茫茫苍苍的云海如雪白的绒毯一般，展铺在地平线。翻涌的云海光洁厚润，无边无涯，如大海之滨，波澜壮阔。在日出和日落时，还可以看见彩色的云海。

第二朵云，在峨眉山下，是艺术演艺的云。

2019 年 9 月，由王潮歌创作并执导的《只有峨眉山》实景戏剧首演。这是峨眉山推行"月光"旅游的举措之一，游客白天上山观云，晚上到山下看"云"演出。实景戏剧有三场，分别在"云之上""云之中""云之下"三大剧场演绎，剧场与周边原始村落融合，人们通过行进式的观赏方式，体验从云上到人间的生命旅行。

峨眉山的第三朵云，是数字化的科技云。

2020 年 3 月，峨眉山联合阿里云公司，建设完成了一朵"文旅行业云"，打造数字景区和智慧旅游。

一片雪可以变成另一片雪，一朵云也可以变成另一朵云。在不同形态的"云"背后，实际上是峨眉山风景区及其所在的乐山市，在智慧旅游领域的不断创新。在数字化这朵"云"的加持下，乐山旅游产业在云管理、云体验和云服务方面取得了关键突破和初步成效。

一朵行业云

李白有诗："蜀国多仙山，峨眉邈难匹。"

"峨眉"名字的由来，最早的说法见于北魏郦道元《水经注》："望见两山相峙如蛾眉焉。"指其山形如美女眉毛，故称"峨眉山"。

峨眉山所在的乐山市，是一个旅游资源的"富矿"，除"峨眉山—乐山大佛"世界文化与自然双重遗产，全市另有4A级以上景区12个。

不患寡而患不均。近年来，乐山市以"旅游兴市、产业强市"作为发展主线，提出了核心景区带动其他景区发展的要求，是为"两核心带动九组团"，推进实现全域旅游、智慧旅游。

领头的担子，落在了乐山市旅游龙头、全国第二家上市的涉旅企业——峨眉山旅游股份有限公司（以下简称"峨旅股份"）身上。

峨旅股份交出的第一份作业，是与阿里云共同打造的"乐山市智慧文旅行业云平台"（以下简称"文旅行业云"）。这是全国第一个文旅垂直行业的云平台。

"全域旅游，需要大数据来做支撑。乐山市进来了多少游客，游客分布是什么样子，各景区的门票销售情况怎么样？我们先把家底摸透，把数据打通，然后用数字化的方式去做服务支撑。"峨旅股份识途旅游网络分公司副总经理刘邦仪是乐山智慧文旅项目的负责人之一，他认为，项目的核心是用数字化方式对传统的旅游业进行变革和升级。

文旅行业云采用阿里飞天专有云作为技术基础底座，汇聚了乐山市旅游产业的全量数据：36个A级景区、20多处文化场馆、11个区县的运营数据，接入2014家酒店资源和5358家餐饮店信息。

基于旅游产业监管、营销、服务三大维度，文旅行业云涉及的应用有106个子系统，比如旅游大数据分析、行业监测、产业重大项目的管理、应急指挥调度、投诉管理系统、视频融合、可视化分析、数字票务系统、精准营销系统等。

"跨区域的景区数据共享合作,我这是第一次看到。"前来参观的阿坝州松潘县川主寺镇党委书记蒙成鹏对文旅行业云兴趣浓厚,"数据共享可以整合所有的资源,让游客的体验更好,对管理者来说,更是提供了更高效精准的决策支持。"

政府部门、景区和行业数据的互联共享打通了整个产业链条,释放协同效应,全面提升了乐山市旅游产业的信息化水平,推动了景区管理、营销和服务的整体升级。

文旅行业云于2020年3月建成,半年时间里,在其引领和支撑下,乐山市有8个景区实施了信息化建设,5个区县投入全域旅游示范区建设。文旅行业"云订单"超过300多万笔,交易额超过3亿元,累计服务游客400多万人次。

一张地图游

联合高德地图推出"一张地图游乐山",是峨旅股份交出的第二份作业。

打个比方,你要去乐山自驾游,打开高德地图,输入"乐山"这个词,页面上就会弹出"乐山智慧一键游",直接把乐山旅游的整个名片搜出来。旅途中所必需的吃、住、行、游、购、娱,甚至加油站、卫生间等细节设施,都可以"一站式"呈现和查找。

一张地图,串联起了乐山全域旅游资源,为游客提供出游前、出游中、出游后的全方位智慧旅游服务。这样做一方面让游客可以享受更便捷、更优质的旅游服务体验,另一方面可以带动乐山全域旅游资源的均衡发展。

此外，峨旅股份还基于文旅行业云搭建了多个应用终端，如"智游乐山"App、广泛分布的"智游乐山"触摸屏等，多角度展示乐山的看点、卖点和玩点，为乐山市打造一站式服务游客的窗口。

运用 5G、AR/VR、3D 投影、全息影像、裸眼 3D 等新兴技术手段，峨旅股份建设了智慧文旅体验中心，全景式展现乐山景点景观和历史人文，让游客依靠数字化技术全方位智游乐山。

"现在度假的游客很多。到一个城市去，也许就在市区吃喝逛逛发呆，未必会进景区。但是，比如说他在酒店大屏或者智游乐山 App 上看到了金顶云海的实时景观直播，也许这些影像就会促使他立即在线上购票，上山观云。"刘邦仪表示。旅游风景区必须通过数字化的方式去做服务，用数字化的服务引来客流和进行口碑营销。

从全网购票到刷脸过闸，从景区直播到数字营销，乐山市搭上了数字经济的"顺风车"，全域的文旅资源最终串珠成链。

通过一朵文旅行业云作为乐山文旅数字经济底座，不断汇集乐山文旅产业应用和数据资源；一张地图游、智游乐山 App 等数智化设施，持续提升游客流量和服务品质。两者形成优势互补，形成了"人在游，数在转，云在算"的乐山文旅产业经济新模式。

随着文旅数字资产的逐步积累，乐山市还可以以数据为指导，实现更加有效的横向拓展和纵向挖掘，比如文旅融合、开发和销售文创产品、文旅产业提升农产品的附加值和带动销售等，实现"数据智能＋文旅产业"的有效结合。

"老景区焕发新活力，传统文化触碰新时代，新项目擦亮新品牌，多元化主题产品满足个性化游客需求。"峨旅股份营销总监何群说，"乐山旅游处处有新意，欢迎大家来乐山，上峨眉山，感受古老胜景的新项目，体验智慧文旅新潮流。"

第六章

数据赋能传统基建,智慧改变交通出行

成都绕城高速：
我有一双"慧眼"

用旧地图无法找到新大陆，重新定义的云上智慧正在发生！成都绕城高速"智慧眼"，是阿里云联合达摩院与高德进行的全国首次智慧高速创新，凸显了"互联网＋"与人工智能在智慧高速上的应用示范意义，形成了具有价值、可推广复制的解决方案。

高速公路"上云"的时代已经来临，老基建和新基建正在加速融合。通过基础设施云化、路况信息数据化和服务智能化，高速出行在未来会有无限的想象空间。

——任庚/阿里巴巴集团副总裁、阿里云智能通用事业部总经理

第六章　数据赋能传统基建，智慧改变交通出行

终身研究罗马史的日本女作家盐野七生，在其著作《罗马人的故事》里提出一个问题，公元前二三世纪，东西方都在大兴土木，为什么中国的秦始皇选择修筑长城，而罗马人却开始大量铺设道路？

从公元前 312 年修建阿皮亚大道开始，古罗马人用了 500 年时间，建设了 15 万公里的道路。其中 8 万公里干道全部以石头铺成，形成了一个"条条大路通罗马"的交通网。

盐野七生认为，长城建立起了壁垒，而道路则能促进人的往来。"如何建设基础设施，将决定这个民族今后的走向。万里长城和罗马道路网这两者的不同，比地球东西方的差异更大。"

但她可能有所不知，建长城的同时，秦始皇也在铺设道路。公元前 220 年，也就是秦完成六国统一的第二年，秦始皇即下令以咸阳为中心，修筑通向全国各地、实行"车同轨"的"驰道"。此后，又令将军蒙恬征调民工数万，"堑山堙谷"[①]、烧山伐木，建成了长约 700 公里、大体南北相直、全部用黄土夯筑的"秦直道"。这条路比罗马的阿皮亚大道还要宽 3 米，被史学家誉为中国第一条高速路。

自秦朝开始，中国人便有意识地建立全国性交通网络。此后历朝历代，莫不如此。丝绸之路、京杭大运河、唐朝每 30 里设驿馆……交通运输网络的覆盖范围，在中国古代便不断扩大。

交通效率的提高，意味着经济发展活力的同步增强。比如秦汉之际"明修栈道，暗度陈仓"的故事中，刘邦之所以能骗到项羽，很大原因就是前往关中的"蜀道难"，交通资源稀有。江南地区历来富庶，也是因为密集的水网格局极大地提高了交通效率，小农经济可以快速运转。

[①] 《史记·蒙恬列传》："始皇欲游天下，道九原，直抵甘泉，乃使蒙恬通道，自九原抵甘泉，堑山堙谷，千八百里。"

在盐野七生看来，罗马人把基础设施建设视为"人类文明生活所必需"，把道路视为国家的动脉，国家要健康地生存下去，不可能缺少血管一样遍布全国的道路网络。

1924年9月，古罗马人的后裔意大利人建成了世界上第一条高速公路。这条长40公里、双向单车道通行、代号为"A8"的道路，吸引了各国工程师前往学习，由此拉开了全球建设高速公路的序幕。而此时的中国，即将陷入半个世纪的战争和内部混乱之中。

到新中国改革开放初期，随着经济的蓬勃发展，客货运输量急剧增加，交通建设滞后几十年所造成的后果充分暴露了出来。"要想富，先修路"的理念慢慢萌芽，渐渐深入人心。

1988年10月31日，中国内地第一条高速公路——全长18公里的沪嘉高速公路建成通车。这一年可视作中国高速公路元年，一份重要文件《贷款修建高等级公路和大型公路桥梁、隧道收取车辆通行费规定》在当年发布，很好地解决了政府资金不足而高速公路需求大的矛盾。贷款修路、收费还贷，成为中国建设高速公路的主流模式。

11年后的1999年年底，全国高速公路通车里程达到了1万公里；20年后的2019年年底，全国高速公路达到了15万公里，全国公路总里程达到了501万公里，双项居世界第一。

尽管我们的道路越铺越多，交通网越织越密，似乎仍然跟不上交通流量的增长需求。民众对交通，比如节假日出行、城市早晚高峰通勤的拥堵，仍然多有抱怨。

快不起来的高速路

与普通公路不一样，高速公路堵车更容易招致不满。人们既然选择了付"过路费"从高速公路通行,图的就是快速和直达,以免穿行国道、省道绕路。结果,上了高速才发现根本快不起来,有时候还会陷入一眼望不见头尾的车流中,进退不得。

高德地图副总裁董振宁认为,我国高速公路出行目前主要面临的痛点,一是拥堵,二是安全。

成都绕城高速则是两者皆有。

2018年1月8日,国家多部委联合召开全国春运电视电话会议,会上公布了"全国高速公路十大拥堵路段和易堵收费站",成都绕城高速成彭收费站出现在名单里。

事实上,在被"全国点名"之前,成都民众对"在绕城高速跑不起来"的抱怨声,已在当地沸腾多时。

"工作日早晚堵,周末是乌龟爬,节假日就成了停车场。"成都媒体人谭利鸿回忆,"2017年国庆节,我带外地来的朋友去青城山,绕城高速十几公里路,走了近半天时间。"

超负荷工作是堵车的原因之一。成都绕城高速全长85公里,建成于2001年,设计流量是日均6万辆,而如今日均通行已接近18万辆。

此外,成都绕城高速全线有24个互通立交,路网结构复杂。它不仅是四川省境内10多条高速公路汇集的转换纽带,也是进出成都市区的快速通道连接线。既是高速公路,又是城市环线,成都绕城高速顺理成章地成为四川省内拥堵率最高、车流量最大、管理问题最复杂的一段路。

2015年2月10日,公安部交通管理局公布了2014年"全国十大危险路段",名单里出现了"成都绕城高速50公里至70公里"路段。根据当年的全国交通事故数据,这10个"危险路段"合计153公里,全年发生交通事故1203起,造成451人死亡,平均每10公里发生事故78起、死亡30人。

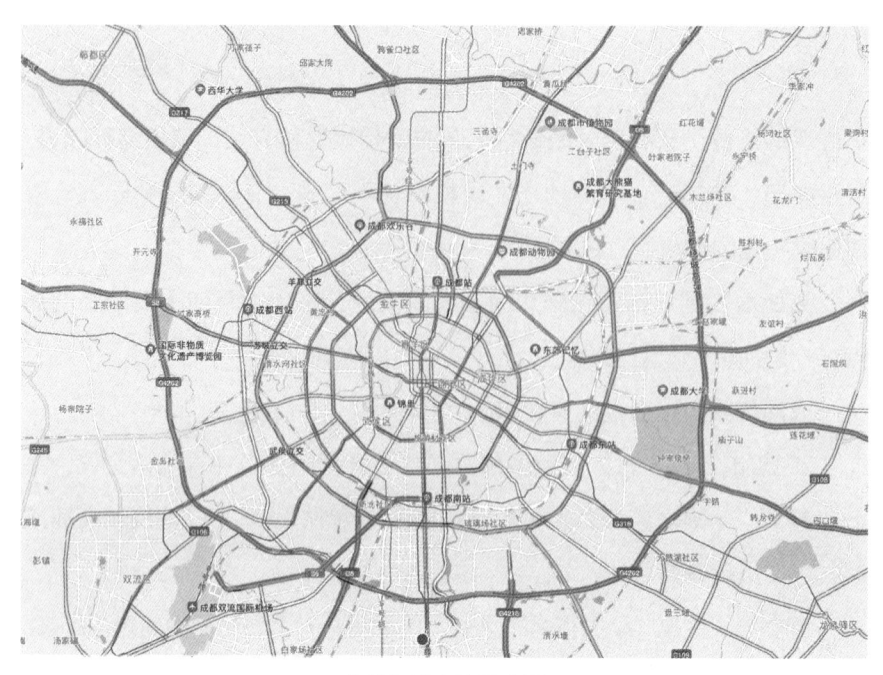

成都绕城高速示意图

或许是当年的几起偶发事故,将 10 个路段推至危险排名的前列。一次上榜,并不代表这段路始终存在安全问题。但残酷数字的背后,对于所有高速公路而言,如何采取措施让高速出行更安全,都是一件迫切的事情。

为了解决由来已久的两个"痛点",成都绕城高速的运营管理方——四川交投集团下属的四川高速公路建设开发集团有限公司(以下简称"川高公司"),在 2018 年年底主动找到了阿里云。

"我们希望借助互联网公司的一些新技术和技术人员力量,和我们一起来缓解成都绕城高速的拥堵。"川高公司总经理王孝国表示,"通过数字化转型去解决复杂问题,是我们努力的方向。"

仅一个月之后的 2019 年 1 月 21 日,川高公司联合阿里云推出的智慧眼视频智能分析与综合管控平台(以下简称"智慧眼")在成都绕城高速投入试运行。

在 2019 年春运的 40 天试运行期间,"智慧眼"取得了初步成效。对比 2018 年春运,成都绕城高速拥堵天数从 16 天下降为 6 天,重点路段拥堵率平均下降了 10 个百分点,最严重路段"接待寺立交—机场高速外环"拥堵率下降 29 个百分点。

经过数个月的"学习"和升级,"智慧眼"在新中国成立 70 周年前正式投入运行。在这个举国欢庆的大长假,成都绕城高速的综合拥堵率下降了 15.3 个百分点。

数据变化明显,那么被堵在路上的司机,能感受到拥堵情况改善吗?

以前开出租车、现在改"跑滴滴"的李建忠,眯起眼想了会儿:"还是堵,早晚高峰有几个路段,那几个出口车流量太大了。但感觉比以前好,起码总是在慢慢往前走,以前经常莫名其妙钉在那儿动不了。"

"车好开了不少,尤其是我们避开高峰期中午去送货的话,几乎一路畅通。"经营酒水批发、每天全成都市送货的李涛,对交通状况的变化格外敏感。

川高公司的统计数据显示,成都绕城高速公路 2019 年全年交通事故数减少了 20%,年平均拥堵率下降 15 个百分点。

"智慧"在何处

提升通行效率的同时降低交通事故数量,"智慧眼"是怎么做到的?

简单来说,"智慧眼"是一个对高速路况进行精确全量感知、自动解析事件、自动处置与预警联动的视频智能分析系统。

想进一步弄明白"智慧眼"究竟有哪些"智慧",则要把它的工作原理一步步拆开来看。

有一个前提条件需要了解,在不进行车流限制的情况下,降低高速公路拥堵的核心，取决于发现事件的快慢，以及事件处置的快慢。

第一步是发现，这得靠"眼"。成都绕城高速在2018年时对全路段的视频系统进行了升级：路中央每900米立1杆，每杆"背靠背"装2个摄像头，每个照射450米，交叉覆盖。这些摄像头犹如一只只"眼睛"，24小时紧盯，把全路段看得"清清楚楚、明明白白、真真切切"。

这是已具备的硬件基础。但有了眼睛，并不意味着可以快速发现。过去监控设备传回的实时路况靠人眼轮巡，然而成都绕城高速有接近1000路实时路况视频，用人眼去盯，根本盯不过来，很难及时发现情况，只能抽查。

于是第二步，"智慧眼"平台把接收到的实时路况视频，运用视觉识别技术和算法，全部进行秒级处理，自动识别出交通事故、拥堵等异常事件。

想象一个事故现场：就在此时，在成都绕城高速40公里＋200米处，车牌为川P54321的卡车因为前轮爆胎发生侧翻，横躺在了行车道上。在川P54321侧翻倒地的几秒内，"智慧眼"便可自动发现这次事故。

接下来是第三步，同样只需几秒，川P54321的事故现场图片会被截屏，显示在监控中心的实时路况云图上，连同具体坐标信息"加急标红"。工作人员迅速确认后，可一键通知路巡队员和各相关部门，第一时间前往救援处置。

这三步，实现了高速公路事故"自动发现、自动流转、自动处置"的联动闭环。快速发现和快速处置，是"智慧眼"的核心能力。

"经过一年多的验证，'智慧眼'可减少50%的事故处置时间。"阿里云智慧高速架构师总监刘勇表示。

高速公路的事故处置，可以说是分秒必争。早发现、早处置1分钟，也许就会缩短1公里以上的拥堵长度，还可降低次生事故发生的概率；

紧急救援人员早到达现场 1 分钟，不仅可多挽回一些财产损失，也许还能挽救生命。

此外，"智慧眼"还具有事故预防的功能。发现川 P54321 发生侧翻后，系统将实时自动生成警示信息，发布在事故路段后方的情报板（全路段 42 块）上，并且同步到高德地图 App 上，提示后方车辆。而且，事故信息可精确到"车道级"，能给出"前方两公里右侧车道发生事故"的提醒信息，驾驶员可按提示减速变道，避免追尾。

如果事故造成拥堵，可实时测算出拥堵路段的位置和长度，提示后方车辆减速或者重新选择路线，避免添堵。

对穿行加塞、急加速急减速、货车占用超车道、应急车道停车等危险驾驶行为，"智慧眼"均可实时发现，锁定车辆进行车牌识别，将警示信息秒级发布在情报板上，提醒当事司机安全驾驶，起到震慑作用。

"智慧眼"的智慧之处在于，它是一个集成了阿里巴巴数字经济体多种"黑科技"的软件平台：阿里云 AI 视觉识别技术、达摩院"城市大脑"团队 30 多套算法支持，以及高德的实时路况分析能力。多方能力加持，构建起了路网态势监测、事件实时上报等关键能力，实现了拥堵预防和事故预防，提高了处置效率，进而提升了通行效率和道路安全。

数字化重塑高速公路

成都绕城（东段）高速公路管理处处长吴凯是 20 多年的"老高速人"了，在成都绕城高速工作的时间也超过了 10 年。"智慧眼"从无到 2.0 版本的诞生和迭代，算法从 10 套到 30 套的升级，吴凯和他的同事既是参与者，也是受益人。因为"智慧眼"投入运行后，他们的运营工作量下降了 20%。

在"智慧眼"之前，监测实时路况信息，发现事件事故和通知上报，靠的是人眼和一部电话。

吴凯回忆：监控中心的工作人员24小时"三班倒"，每班次要把上千路的视频轮流看三四遍。有时候刚看完这一段，下一秒就出事故。即使发现了事故，还要分别通知和上报给19个部门，经常要打20多通电话才能把事故信息说清楚。

人眼轮巡、人工上报在成都绕城高速已成为历史，现在路况事件可以自动感知，联络处置可以"一键通报"，形成了联动闭环。

"以前有5辆车在路上巡逻路况，但是我们不知道他们分别在哪儿，调度全凭经验。服务区是不是接近饱和，停车位还剩多少，什么时候发布引流信息，这些都得靠电话逐个联络，或者盯视频。"

如今，路巡、服务区、收费、养护等业务全部信息化、数据化，集中在一个云端，集成在一张图上，人员和业务全部可视化、结构化，通过"智慧眼"平台从全局视野去调度协同和综合管控，在改变高速出行体验的同时，提升了管理方的运营效率。

成都绕城高速已成为全国智慧高速的事实标杆，至今已有60余批次同行前来考察学习。

在和同行交流经验时，吴凯常说，"智慧眼"平台用数字化的手段，实现了流程优化、标准化和自动化，在员工数量不足全省平均水平三分之一的情况下，成都绕城高速东段实现了运营效率和经济效益双提高，创造了一个低成本、高效率、可持续、可复制的智慧高速样本。"实用地解决实际问题，这是一个好系统。"

"先是人引领智慧，后由智慧引领人。"在吴凯看来，"智慧眼"还是个孩子，3岁左右，已经有了大脑，会思考，在成长，会学习算法，会越来越聪明。只要不"断奶"，好好培养培训，这个孩子就一定会长大成才，为社会创造更大价值。

此前,四川交投和川高公司主动探索,联合阿里云共同打造"智慧眼",除了实现缓堵保畅、安全通行,还有更深层次的诉求:四川交投近年提出数字化转型的战略目标,川高公司则提出了由传统高速公路投资建设营运企业向高速公路生活方式服务企业转型的目标。

"智慧眼"在成都绕城高速试点成功,为四川交投和川高公司拥抱人工智能与数字化、探索智慧高速服务转型的新经济模式,起到了引领示范作用。

2019年6月,阿里云与四川交投旗下"高路信息"共同成立"智慧交通联合实验室",致力于道路基础设施智能化产品的研发及新商业模式的探索。2020年3月,"智慧眼"上线阿里云产品库,实现了联创产品的商业化。目前,"智慧眼"已在云南成功复制,接下来将在全国推广。

刘勇表示,阿里云智慧高速"视觉算法+人数据计算+边缘计算"的软硬算法一体的领先方案,为全国高速公路提供了创新应用的"技术底盘",促进高速公路科学管理、高效运营和品质服务,真正实现了数字化、智慧化转型。

老基建和新基建融合

"老高速人"吴凯回忆了两次记忆深刻的交通事故。

2010年12月13日上午8点40分,成都绕城高速文家场至双流路段因为团雾(小范围突发浓雾)发生了137辆车连环追尾。所幸这次事故没有造成人员死亡,但事故车辆的数量之多,到现在也还在纪录榜前列。

"2018年的中秋节,一名保洁工在家吃过团圆饭,让女儿开着私家车把她送到高速公路工作。发现路中间有散落的障碍物，女儿将车停在应急车道，母亲去道路中间清理障碍物。女儿眼睁睁看着自己的母亲被一辆大货车撞飞30多米。"吴凯痛心地回忆，"建成通车以来，已经有18名保洁工倒在了成都绕城高速路上。"

团雾和应急车道，都曾是吴凯最为头痛的事情。前者因为突发性和难以预测，至今仍被称作高速公路的"白色幽灵"和"移动杀手"；应急车道停车及因其堵塞造成的救援困难，也是导致高速公路事故的重要因素。

如今，"智慧眼"通过视觉AI算法可以实时识别能见度和应急车道异常，并且实时给出预警和警示，这大大减轻了吴凯的焦虑。"高速公路的高速度，要建立在安全通行的前提下。有些问题，用老的那一套方法已经行不通了，只能用科技手段去解决。"

以往如果想要提高10%的通行效率，要么斥巨资新修一条路，要么在路侧增加一条车道，把路扩宽。估算一下，征地、拆迁加施工，所需资金数以亿计。

而类似"智慧眼"这样的软件系统平台，投资金额可能不及新修或扩路的10%，就可以实现通行效率的提升。

成都绕城高速途经7个区12个县，在拓宽道路几乎不可能的情况下，用一个软件平台就实现了通行扩容。吴凯认为，在汽车通行量增加10%的情况下，绕城高速的通行效率实现了10%以上的提升，而且是安全的通行效率，成效特别明显，性价比十分高。

这是阿里云探索出的一个与众不同的智慧模式——硬件普适，而不是硬件堆砌。从数据和软件上发力，通过云计算和人工智能建立路网、车流数据的充分连接，实现路况感知与处置自动联动闭环，从而提升通行效率，提升道路安全。

"智慧眼"在成都绕城高速取得成效,展示了一个鲜明的信号:云计算、人工智能、物联网代表的新基建体系与物理世界中的交通体系相融合,通过数字化、智慧化的模式,可以给交通资源利用率带来新的发展。

交通是物理世界的网络,网络是数字世界的交通。我们的道路越铺越多,交通网越织越密,但传统的"铁公机"基础设施建设终究会慢下来。在这种情况下,用数字技术加强对传统交通体系的渗透和赋能,就成了可以最大化提升交通效率、提升出行体验的主要选择。

我们是交通大国,但不是交通强国。作为新基建模式下的基础设施,智慧交通建设的全面铺开,将使我们向"人悦其行,物畅其流"的交通强国加速迈进。

回头看去,我们曾经是丝路上的中国、驿道上的中国、自行车上的中国、铁轨上的中国。那么在未来可期的时间周期内,也许不用等到21世纪中叶,我们就将成为智慧交通网络上的中国。

路漫漫其修远兮,还得上下而求索。

成都 TOCC：
让堵城不再"成堵"

如果一个城市的数据融合、数据平台能力建设得比较好，它在各方面的响应速度、治理能力都会好一些。比如说在应对疫情上，防控效果就会比较好。

城市的智慧实际上是什么呢？是城市里面人的智慧，是为人服务的。成都 TOCC（交通运行协调中心）有一个很好的探索，它面上是通过数据的融合分析，达到交通的协调运行，但关注的是城市里人的流向和流量，关注人的需求。我们都在谈用户体验，一个人在城市里觉得体验好、生活美好，就可以说这个城市已经具有了一定的智慧。

——王煜全/全球科技创新产业专家

有人在知乎上发帖——"成都城堵成堵城",求下联。

帖子出现在2015年9月,阅读者众,应答寥寥,这个反着念也一样的上联,到今天也几乎没人工整对出。

那一年,全国城市拥堵排行榜上,成都在第十位,说它是"堵城"不算冤。

之后几年里,成都出现了一个特别的现象:汽车数量快速增长,交通拥堵程度却在逐年下降。

不妨对比来看。截至2019年年底,全国机动车保有量前三名的城市依次是北京593万辆,成都519万辆,重庆463万辆。而这一年的城市交通高峰时段拥堵排名,重庆第一,北京第二,成都是第三十名。[①]

成都"成堵"的压力

"北京城不会得感冒,但总有一天它的交通会得心脏病。"建筑学家梁思成曾在日记中写道。

作为新中国首都城市规划工作的推动者,梁思成对北京的担忧成为现实。但是他可能没想到,几十年后的中国,有至少三分之二的城市患了高峰时段拥堵的"心脏病"。

北京人自嘲"首堵",上海人调侃"上路就堵",广州人揶揄"广泛的堵",深圳人感慨出行就是"深入的堵",重庆人觉得每天在路上"重复堵"。如果问成都人,堵城排名降到了第三十名,不堵了吗?很多人都"呵呵"而已。他们说,名次下降,是因为别的城市更堵了。

---

① 数据来源于《2019年度全国百城交通拥堵指数排名》,由百度地图、清华大学、中国社会科学院等机构联合发布,以通勤高峰时段拥堵指数为排名依据。

"堵城"的帽子，戴上去靠"实力"，摘下来也不容易。

成都治堵的压力不小。这是一个有着1650万常住人口、一年涌入近3亿游客、每3.1人拥有一辆汽车、出行流量庞大的城市（2019年数据）。

"成都人爱耍，爱开车出去耍。"说起堵车原因时，很多人提到了这一点。另外，跟其他很多中国城市一样，成都这些年也在"满城挖"式修路架桥铺地铁，大量道路被占用成了工地，增加了通行的难度。

还有一个交通指标值得留意——通勤距离。《2020年度全国主要城市通勤监测报告》显示，该市居民通勤平均出行距离为9.1公里，仅次于北京。

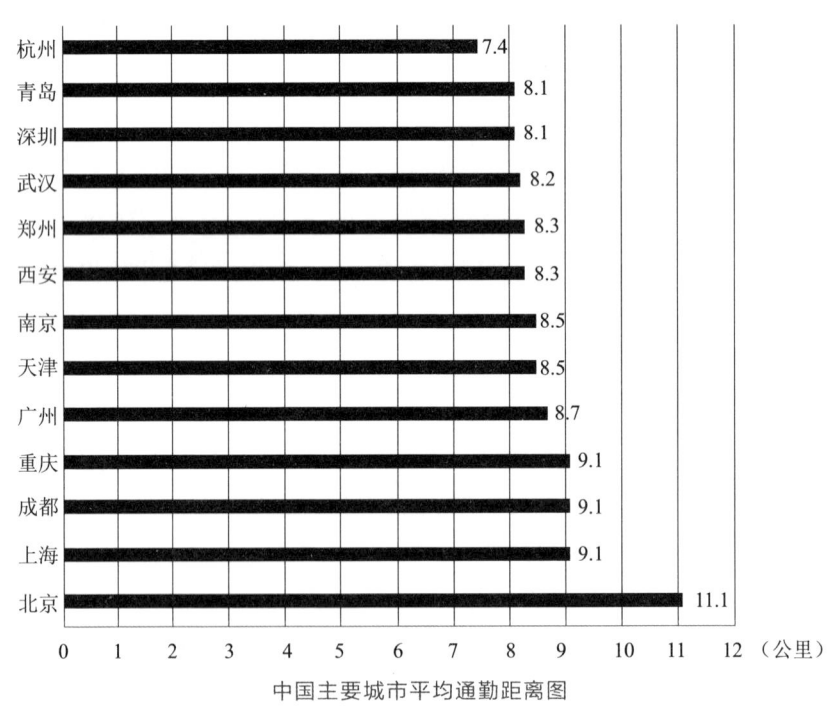

城市	平均通勤距离（公里）
杭州	7.4
青岛	8.1
深圳	8.1
武汉	8.2
郑州	8.3
西安	8.3
南京	8.5
天津	8.5
广州	8.7
重庆	9.1
成都	9.1
上海	9.1
北京	11.1

中国主要城市平均通勤距离图

数据来源：住建部城市交通基础设施监测与治理实验室，《2020年度全国主要城市通勤监测报告》。

如果从家到工作地的距离比较远，且路堵，公交也拥挤，那么这个"打工人"在路上的感受，一定是痛苦的。

2018年9月初，一篇题为《通勤，正在"杀死"1000万北京青年》的文章刷爆朋友圈，许多一、二线城市的网友在转发的同时纷纷抱怨，上下班的路太难了。"通勤时间过长对人的损害，不仅发生在路上，还意味着睡眠和锻炼减少，饮食质量下降，伤身又伤心。""瑞典于默奥大学研究发现，长距离通勤会让离婚率上升40%。""美国地理学家联合会研究表明，通勤时间超过30分钟的人比其他人死得早。"……

逃离北上广，一时成为热门话题。去意已决的人说，想要去的城市，最好能同时提供靠谱工作和靠谱通勤，更适合生活。

2003年，张艺谋拍摄了一部城市宣传片《成都，一座来了就不想离开的城市》。这部5分钟短片所释放的信号，奠定了成都近20年来的一个发展基调——吸引人来，来旅游；吸引人才，留下来。成都卖力地讨年轻人的欢心，想方设法让城市更适合"生活"，贯穿其中始终有一件大事——治堵。

成都缓解拥堵的常规手段，与其他城市并无二致。比如说，将城市道路织网，发展公共交通，鼓励绿色出行，倡议错时上下班，市民"随手拍"举报交通违法，按汽车尾号限行，出台"缓堵18条""治堵10条"，等等。

这些措施当然有效。不过，沉疴当用猛药，对付一个庞大的城市交通体系，老套的办法只能头痛医头、脚痛医脚。

在交通需求持续增长与道路交通设施的现实局限之间，成都寻找到的突破口，是智慧交通这剂"药方"。

"看得清"的立体交通

2015年上榜"堵城"之后,成都市开始尝试新的"治堵"思路,先后与多家科技公司展开合作,志在建立一个符合超大城市标准的高效交通治理体系。其中,2019年启动建设的TOCC(Transportation Operations Coordination Centre),是成都推行智慧交通建设的有效实践。

成都TOCC,全称"成都市交通运行协调中心",是成都市智慧交通体系的核心和顶层平台。

具体说来,成都TOCC接入并汇集了城市全部的交通数据,对"大交通的大数据"进行汇聚管理、挖掘分析和共享交换,从而对全市交通进行运行监测、信息服务、辅助决策和应急协同。

在我们的惯常印象里,交通的事就该交通警察管,平时普通人所见最多的是交警在疏导交通。碰上堵车,人们往往也只会责难他们疏通不力。实际上,公安交管只是负责管理汽车和道路秩序,堵车的"锅"不能只让一方来背。现代城市交通是一个典型的"涉众系统",牵涉的点和面非常广:陆运、水运、空运、公交车、出租车、网约车、共享单车,规划局、住建局、城管局……

长时间以来,我们的交通都是各自为政,停车场、道路等设施也是多头管理。"公交不知道轨道的数据,轨道不知道出租的数据,出租不知道机场的数据。"成都市交通运输局信息中心(成都市交通运行协调中心)主任说。

"城市交通好比是人体的神经网络,有一个点卡住了,就可能把整个区域都堵起来,导致整体循环不畅,扩散起来非常快。要实现交通的整体协调,首先是不同的交通工具之间要有沟通和对话,把人流、车流用

第六章 数据赋能传统基建，智慧改变交通出行

成都 TOCC 数据结构

	公众发布　交通App　互联网应用　政务部门　交管　交委　政府　其他公权部门　社会企业　交通企业　其他企业
	运行监测系统　辅助决策系统　协调中心大屏　应急协同系统　信息发布
智能分析服务层	应用支撑服务：交通算法管理　交通空间地理信息（TGIS）　交通智能模型　数据多维融合　数据共享开放服务　交通知识挖掘
数据资源层	基础库：公交车　出租车　轨道交通　单车　航空　道路　停车　消费　气象　舆情（专题库）
	主题库：人员　态势　违法违规　投诉　控制　调度　诱导　事件　出行
	基础库：车辆　企业　场站　道路　桥梁　隧道　信号设备　采集设备　运输路线
数据处理引擎层	数据集成　数据治理　数据开发　数据交换　数据质量　数据安全　全景监控
	离线计算　实时流计算　分析型数据引擎　机器学习引擎　视觉计算引擎　数据BI　数据可视化

一张大网贯通,做到数据的及时交互和共享。"

全量数据的汇集和共享,是成都TOCC建设的第一步。目前,成都TOCC的数据提供单位多达39家,涵盖航空、公路、客货运输、轨道交通、公交车、出租车、网约车、共享单车、公安交管、桥梁隧道等14个大类的交通数据。

公交地铁的每一次刷卡,每辆出租车每笔订单的起始位置和金额,每辆共享单车的开关锁和骑行路线,长途客车的售检票和运行轨迹,机场飞出去多少人,有多少人乘坐列车到达成都……成都TOCC接入的数据,基本涵盖了城市交通的全貌,从而实现了对城市立体交通运行的监测,能够"看得清"。

要论一次性接入交通数据的深度、广度和规模,成都TOCC在国内同类平台中遥遥领先。"接得住"的一个重要原因,是它采用了阿里云飞天平台作为大数据底座。借助阿里云强大的运算能力和动态扩展能力,成都TOCC能满足大流量、高并发、准实时的城市交通复杂数据处理需求,高效打通各类交通信息,目前已实现69项交通运行监测功能。

回过头来看,大多数城市缺乏一个在高处俯瞰全城的眼睛,看不清自身的交通运行情况。视觉是有障碍的、分裂的,而数据是"烟囱式"的,看公交是公交,看出租是出租。相对而言,TOCC把一个综合交通的大数据体系呈现在一个完整界面上,自然能够让人"看得清"。

同时,成都TOCC结合全市交通实际,联合达摩院科学家研发推出了视频智能AI分析和时空融合分析模型,实现对城市人流、车流和事件的态势研判,设计了6项预警预测功能和35项辅助决策指标分析,辅助全市交通机构运行决策数字化、管理精准化。

1

2

1
成都 TOCC 通过对全市交通海量大数据的采集、存储、清洗加工和共享交换的技术应用，实现对城市人流、车流、事件的态势研判

2
司机小秘书 App 通过电热力点，告知司机区域内订单的需求量

"喊得应"的交通工具

设想一个场景。明天你要去成都,你从未去过这个城市,但面对陌生城市里的陌生出行,你完全不必担心,因为你可以"可视化"选择交通方式。

在成都东站的 LED 屏上,你可以看到正在候客的出租车空车数量、需要排队的时间,也可以看到周边公交的信息和到站时间。如果你不赶时间,也可以选择共享单车,这是一个提倡慢行的城市,周边有哪些品牌的共享单车,车辆停放位置和数量,全部一目了然。

这是 TOCC 的一项落地应用。为公众出行提供交通方式的"选优能力",方便乘客选择。让出行体验更美好,是成都 TOCC 建立的核心目标。

"我们的交通管理,过去的关注重点是车辆,现在我们要关注人的流向与流量,关注人的出行需求和出行偏好,用数字化的手段去调度、匹配和服务人的需求。"

当你正在浏览"智慧车站"屏幕的时候,在成都 TOCC 监控指挥中心的大屏幕上,也实时显示着成都东站动态测算出的相关交通信息:此刻的出站客流数据,正有多少辆出租车、网约车、公交车、共享单车在此等候,停车场的空位数量,等等。并且,系统可提前 30 分钟预测并智能调度,精准实现"人+车+数据"的实时匹配。

比如说,成都出租车司机可以通过国内首推的司机小秘书 App,实时查看成都东站的车辆供求情况、候客时长、平均运距等信息,以决定是否要前往载客。司机小秘书提供交通枢纽、热门商圈和旅游景点的客流信息后,不仅出租车巡游效率得到了提升,出租车驾驶员的每日平均营运收入也提高了 40 元以上。

再比如,成都 TOCC 可通过开关锁数据计算出各网格区域(1 公里 ×

1公里)内共享单车的使用情况,引导企业合理投放共享单车,提升共享单车综合治理能力,从而方便市民选择慢行交通。

基于成都 TOCC 提供的实时交通数据,成都市交通运输管理部门可实现快速疏运旅客、准确调度运力、在线发布交通管制动态信息等能力,对城市交通系统运行进行主动、科学的引导。

各类运输服务主体"喊得应",是成都 TOCC 的第二个目标。"通过数据的科学分析,在平日里把这个城市的运力资源科学地调度起来,维持交通的正常运转和平衡;在节庆和举行重大活动等特殊情况时,从政府层面能够动态地调度各类交通运输主体,要'喊得应'。"

成都是一个日出行总量超过 3000 万人次的城市,对于这个城市的管理者而言,怎样保障市民的出行最有效率,是一个具有难度的命题。从 TOCC 的实践来看,基于大数据、人工智能技术来分配和调度每个人的出行,将是今后城市综合交通治理的方向。

"想得透"的交通决策

2016 年,成都市分管交通的副市长外出考察,去了两个地方,一是杭州"城市大脑",二是深圳市交通运行协调中心。考察归来,成都决定启动建设 TOCC,副市长在会上留下了一句话:希望将来做成以后,我们修一条路,不同的部门不要为了是修八车道,还是六车道、四车道,去吵架。

1961 年,美国一个既不是建筑师,也不是城市规划专家的家庭主妇简·雅各布斯写了《美国大城市的死与生》。这本书旗帜鲜明地反对现代城市规划的"大造城"运动,比如后来在中国风行的 CBD(中央商务区)模式。代表"居住在城市里的普通人""美国最值得珍惜的公共知识分子"的雅各布斯,凭一己之力,几乎颠覆了以往的城市规划理论,也几乎改变了美国城市的发展方式。

雅各布斯认为,交通拥堵不是汽车多引起的,而是由于城市规划将许多区域生硬地隔离开来,让人们不得不依赖汽车。

这个说法在当今中国得到了印证。网络上有一种流行的声音:堵车,一半的"锅"要城市规划来背。

在改善交通的现实需求面前,谁来"背锅"的讨论似乎不重要了。对于那些并非"新区"的城市而言,现状已经摆在那里,摩天大楼拔地而起,商业和消费如火如荼,留给交通的改造余地极其有限,改造代价极其之大。

修一条路,它是该宽还是该窄?它的走向应该是怎样的?它的通行能力应该是多大?过去的规划工作只能凭经验,凭着对交通流量的粗略估计,就算运用数据,大多也只是老套的"采样"。而以TOCC为代表的数据平台,可以提供"人、车、货"如何流动的全量交通信息,给决策者一个精准的参考。

最近这几年有一个词特别火——流量。交通可以称得上真正的"自带流量",人随交通走,所有的生产、生活、生意都要靠交通联系起来。城市立体交通流量数据的价值远远被低估了。

通过TOCC的数据,不仅可以规划设立公交线路,建设城市轨道线路,根据出行流量来加密地铁和公交车次,根据出行需求来建设和加宽道路,还可以利用交通流量来进行产业和商业规划,对城市的布局进行优化调整……对交通规划和重大决策"想得透",是成都TOCC聚焦城市长远发展的目标。

"我们也还在探索,探索新时代城市交通发展的新路子,探索用数字化的手段去实现交通运输治理体系和治理能力现代化。最终目标还是让城市居民感受到出行越来越美好。"成都市交通运输局信息中心（成都市交通运行协调中心）主任说。

数据赋能交通，智慧改变出行。成都TOCC通过掌握交通的全量数据和数据分析，统一协调城市道路交通管控和综合交通运输服务，为成都全域实现"道路安全畅通、运输衔接高效、出行便捷舒适"的大交通格局，提供了智慧保障。

北京公交：
全国最复杂的刷码乘车业务上线

我国交通出行已经发展到"网络化运行"和"在线式服务"的新时代。民众对出行的品质要求，也从"走得了、走得安全"发展到"走得便捷、走得舒适、走得更智慧"。

数字化带来时代巨变，人工智能赋能城市公交。"智慧公交"实现了对公路公共交通系统化的整体提升，提高了城市公共服务的水平，提升了群众的参与感、获得感和幸福感，让民众"乐享其乘"。

——苏峻/清华大学公共管理学院教授、清华大学智能社会治理研究院院长

中国公共交通的蜕变

1
20 世纪 60 年代的中国公交

2
全国首个 5G 智慧公交综合体

239

北京具有真正意义上的公共交通,是在整整 100 年前。

1921 年 6 月,拿着法国人的借款,北洋政府成立了北京电车公司。在此之前,北京城里穿行的交通工具,是轿子、马车、人力车,没有可供多人乘坐的交通工具。

电车是新事物,开建便受阻。珠市口至磁器口一段,在铺设轨道时,沿街商户以"电车行驶,震荡铺房"为由,要求另开路线。建设发电厂,民众担心"锅炉一旦炸裂,发电厂周围 10 里以内的村庄城池均有覆没之虞",集体请愿反对。直到 1924 年年底,第一条有轨电车线路才得以开行。

回看当初这一幕,难免产生感慨,数千年沿袭下来的出行工具,几年时间就消失在了路的尽头。在这 100 年里,人类的很多生活方式被科技快速颠覆了。就像我们现在很难想象没有"电"的生活,如果没有公共交通工具的出现,城市恐怕难以发展到今天的面貌。

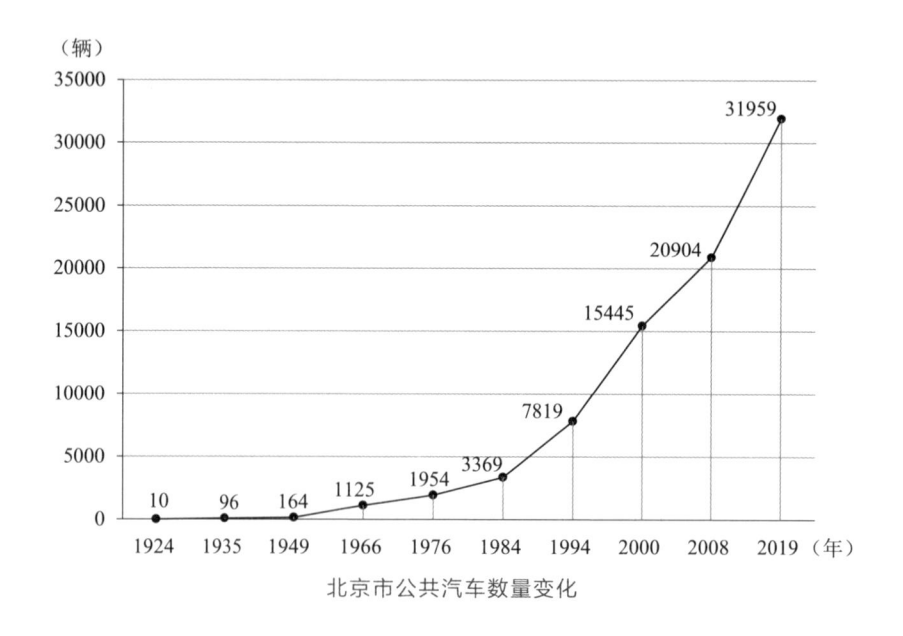

北京市公共汽车数量变化

年份	数量(辆)
1924	10
1935	96
1949	164
1966	1125
1976	1954
1984	3369
1994	7819
2000	15445
2008	20904
2019	31959

看这 100 年里公共汽车数量的跳跃式变化，仿佛看见北京城犹如装上轮子的巨车，大路通衢，车轮处处，昼夜不停，纵横驰骋。

最复杂的城市公交系统

从第一辆有轨电车起步，北京城的道路上，先后驶过背着煤气包的公共汽车、马力十足的柴油车、常见的汽油车，一直到今天的新能源公交车……随着城市的发展，公共汽车不断更新，承载了几代人的记忆。

从公交月票，到人工售票、无人售票、刷公交卡乘车，再到如今的扫码支付……公共交通支付方式的变迁，折射出时代的发展变化。

过去，出门乘坐公共汽车之前，"换零钱"是一个必需的准备工作。各城市的公交公司都配备了为数不少的"公交点钞员"。这是一个每天闻着金钱（硬币和零钞）的味道、数钱数到手抽筋的工种。公共汽车收款箱里一天的收入汇集一处，在点钞员的指间化零为整。

如今乘坐任何交通工具，一部手机足矣。移动支付的普及，不仅便利了乘客，公交公司票款管理的工作负荷也得到了减轻。

扫码乘车已经比较常见，其关键在于精准、稳定运行，尤其是对北京公交而言。因为这是国内规模最大、车辆最多、计费最复杂的城市公交系统。

北京公交体量大，是业内公认的"全球最大公交集团"。截至 2019 年年底，北京公交拥有 23685 辆公共电汽车，1158 条运营线路，日均客运量超过了 800 万人次。在出行的早晚高峰，每秒支付超过了 1500 笔。如此规模，对移动支付的承载能力要求极高。

由于长距离线路较多，北京公交采取的是分段计费，乘车必须刷两次卡，上下车各一次。首先，相比一票制而言，票价计算更复杂；其次，少刷一次的现象时常发生，给计价系统又增加了一层难度。

另外，身在首都，公交也具有一定的特殊性。比如，一些公交线路途径管制路段或军事设施，通信信号会被屏蔽，导致车辆的定位"漂移"，数据时断时续，无法稳定传输到后端。从公交管理方的角度来说，如何实现运营和调度的精准高效，难度又增加了一层。

面对复杂局面，北京公交集团的解题思路是推进数字化建设，探索智慧公交。2018年6月，北京公交联合清华启迪控股等四家公司，合资成立了启迪公交（北京）科技股份有限公司（以下简称"启迪公交"）。

近 2.4 万台公交车辆互联上云

启迪公交成立不久，便与阿里云携手，搭建了包括"北京公交"App在内的一套数字公交软硬件系统，帮助北京公交近2.4万台公共汽车互联上云。

"在公有云这个领域，无论是诞生时间、投入，还是团队实力、技术，阿里云都是走在最前面的。我们考虑的是，能承载淘宝'双11'的购物和铁路12306系统的春运购票，也能够承载北京公交的移动支付。"启迪公交方案总监周国礼说。

"我们把智能POS机具和其他物联网设备的管理、支付结算、票务管理全都部署在了阿里云上面，借助阿里云全套的计算、存储、安全资源，支撑北京公交的乘车业务。"

除了地面公共汽车，北京公交App还可以用在地铁、远郊区县的刷码乘车场景中。通过将9个客运分公司、112个运营车队、1158条运营线路接入业务支撑平台，融合高德路况数据，北京公交 App 可提供出行方案规划、车辆到站预报、拥挤度查询等功能。

"当乘客走到公交车站，打开北京公交 App，可以看到要乘坐的车多长时间可以到达；还可以直观显示这辆车拥挤度如何，上面有几个小人儿的标志，五个代表满载，依次递减则代表有空位，乘客可以判断，我是乘坐最近的这一辆，还是再等等。"周国礼说，交通工具的互联上云和数据化分析，可以提升乘客的感知度和舒适度。

此外，依托阿里云的数据中台能力，公交公司可以实时掌握车辆运营的各项关键性指标，为车辆调度、线路规划和票价制定等决策提供重要的支撑及参考。

在新冠肺炎疫情期间，启迪公交辅助北京公交集团火速上线的"定制公交"，可以视作数字化的创新业务。

定制公交，是"身份特殊"的公共汽车，它不定点、不定时、不定线，采取线上预约乘坐、智能算法匹配，从家门口直达职场。"乘坐定制公交的人，过去大部分都是打车和自驾出行。现在根据出行需求来智能优化线路，价格不到打车的四分之一，同时还可以走公交车道，实现快捷直达。"

疫情下的这一应急举措，不仅受到乘客欢迎，成为北京市延续至今的"网红"出行方式，也因为助力复工复产，控制公交乘坐密度，改善通勤出行，受到了政府部门的赞许。

启迪公交总经理许维强表示，得益于阿里云的关键赋能，智慧公交已在北京进行成功实践。未来，启迪公交将致力于把北京公交的系统能力在全国推广，为大型公交集团提升服务和管理水平，实现企业运营降本增效，形成业务创新新动能提供支撑。

第七章

数字时代人才紧缺,新基建赋能教育在线升级

让知识跑在线上：
疫情加速教育上云

由于天然需要敏捷开发、大规模数据存储、海量数据处理和高并发处理等能力，互联网企业成为国内云计算行业最早的一批用户，在线教育企业也是其中之一。而到了2020年，由于疫情的影响，当人们的物理距离被拉开，我们不仅看到在线教育有继续强化的趋势，传统线下教育也在向线上转移。

当然，疫情终将结束，但教育的形态已经不太可能简单地退回从前。教育在线化不仅仅提供了时空上的便捷性，更提升了优质内容的可复用性，丰富了参与者之间的互动，并让教育个性化成为可能。在未来，我们将看到，教育必然会在"云"上不断迭代，变得更加公平，更加高效。

——刘湘雯/阿里云智能副总裁、市场营销与公共服务部总经理

"停课不停学"

2020年春节期间，新冠肺炎疫情突然来袭。为了抗击疫情，全国各地果断启动应急响应机制，要求群众自我隔离，减少聚集。在这一情形下，人们的正常生活秩序不免被打乱，而作为典型的聚集场景，教育更是首当其冲。

在判断这场抗疫之战无法在短时间内结束之后，教育部发布通知，要求2020年春季学期延期开学，以避免疫情在学校蔓延。

停课固然是应对疫情的不得以之举，但是，教育是国之根本，不可能长时间放任学生荒废学业。很快，教育部发出了"停课不停学"的倡议，希望统筹整合国家、地方和学校相关教学资源，提供丰富多样、可供选择、覆盖各地的优质网上教学资源，全力保障教师们在网上教、孩子们在网上学。

在主管部门的倡议下，全国多地、多校开展网络教学，利用互联网平台，提供丰富的教育资源，指导学生在线上进行学习。

在疫情的重灾区湖北省，湖北省教育厅把"停课不停学"作为教育系统疫情防控的重要措施之一，第一时间研究制订线上教学实施方案，要求各地因地因校制宜，研究制订具体实施方案，一县一案、一校一策，分类组织实施。

疫情期间，湖北全省中小学校线上教学、自主学习和在线辅导等工作有序开展，家长和学生的满意率在85%以上。全省128所高校在原定开学时间如期开展线上教学，线上开课11万余门，教师开课率达79.4%，学生到课率达96.8%。

全国高校也充分发挥自己的信息化能力，将大量线下的课程及学生服务搬到了线上。

疫情期间，老师只能进行线上授课，大规模的线上教育铺开，引起社会广泛的讨论，种下了中国教育产业变革的新种子

北京大学为校内或在校外使用VPN（虚拟专用网络）的北大学生，提供了图书馆资源之外的北大媒体资源服务平台，其中包含了近7000个视频资源，优质的学术讲座和教学视频应有尽有。

清华大学以"雨课堂"在线教学技术平台为主，开展线上教学。"雨课堂"可将MOOC（慕课）、手写录屏、其他视频、语音、PPT、习题等内容在线传播，适合多种教学模式。

浙江大学以"学在浙大"为主要课程平台，"浙大钉"作为网络直播平台，10天内处理了10万师生的个人数据，7天建起200间智慧教室，2月24日实现全员准时线上开课。

身在疫情中心的武汉大学、华中科技大学、华中农业大学等高校，也均在短时间内优化了已有的在线平台，积极拓展新增在线资源，确保教学活动在网络上正常开展。

比起高等院校，中小学在IT能力和资源方面都明显处于弱势，鲜少有学校能够独立建设在线平台，组织线上学习。这时，社会力量发挥了重要作用。

2020年1月29日，还在春节法定假期内，钉钉就上线了在线课堂、直播互动等教学场景的详细解决方案，为全国中小学免费提供服务，并覆盖广大农村地区的学校，存储空间不限。钉钉在线课堂支持通过直播、视频录播等链接观看课程及群内直播等多种形式，覆盖在线授课、在线提交批改作业、在线考试等应用场景，稳定支持超过百万学生同时在线学习。老师无须专业设备，用手机或电脑便可发起，学生用手机或电脑观看，并与老师互动。群内直播回放视频保存12个月，可导出，可回放。针对多人多地的教职工协同需求，钉钉免费开放了102方视频电话会议，最高可申请302方。

在社会各方的积极推动下，疫情期间的"停课不停学"，成了一场史无前例的大规模在线教育实验。对此，教育部科技司司长雷朝滋评价说："这次大规模在线教学在国内外均无先例，不仅有效抵御了疫情给教育系统带来的冲击，而且将给中国教育变革留下新的基因，在客观上提升了各界对教育信息化的重视程度，加速了教育信息化的发展……在线教育可以高效集聚社会各地的优质教学资源，为全社会提供优质教育服务，最大限度发挥教育资源的使用效率与效益。大规模在线教学有利于扩大优质教育资源覆盖面，对于缩小区域、城乡、校际差距，实现教育均衡发展的目标，具有重要的现实意义。"[①]

[①] 《一场史无前例的社会实践——专访教育部科技司司长雷朝滋》，《瞭望东方周刊》，2020年8月4日。

在线教育加速云化

2016年以前,云计算行业最主要的用户来自互联网企业,主要原因是互联网企业普遍对应用程序敏捷开发、大规模数据存储、海量数据处理和高并发处理等有比较高的要求,而公有云能提供低成本、高弹性、高可靠的解决方案。在线教育企业因其显著的互联网特征,成为云计算的早期用户之一。

比如2003年成立的好未来(前身为学而思),在2017年与阿里云达成合作。依托阿里云,好未来将教育资源等服务输送到公立教育体系,并向全国中小型K-12教育企业提供系统研发、课程研发等标准化产品。

又比如2012年成立的猿辅导,如今已经是国内K-12在线教育领域首个"独角兽"公司,全球累计用户数量突破4亿。其在2015年就将部分IDC(互联网数据中心)向公共云迁移,使用云IT基础设施、云上增值服务和大数据与人工智能平台,逐步在云上建立起一套完整的业务支撑和运营分析系统。

由于新冠肺炎疫情的不期而至,线下教育场景大规模向线上迁移,数据量激增的压力,倒逼在线教育企业加速"云化"。

数据量激增的压力有多大?看几家代表企业的数据便可知一二。

- 沪江CCtalk:平台日活用户较2020年春节前呈10倍量级以上的增长,同时在线的师生达数百万量级(截至2020年2月14日)。
- 作业帮:免费直播课开播第三天的2月5日,全国报名人数就已突破1000万,3月9日突破3300万。

- 猿辅导：疫情期间为全国超过 3800 万中小学生提供免费直播课程。
- 好未来：学而思网校免费直播课推出的 3 个月里，每日观看的学生人次达到 6000 万，峰值最高时每节课学生人次超 100 万。
- VIPKID：疫情期间新增用户连续两个月超 100 万，购买转化率提升 10 个百分点，用户课程数量环比增加 27%，同比增加 144%。

除此以外，掌门 1 对 1 等在线教育企业也都迎来史上"最大洪峰"，整个行业的流量增长均值超过 10 倍。

超过日常峰值 10 倍，对任何一家在线企业来说，都称得上是一个严峻的考验。除必须加大对师资和运维人员的充实之外，保障在线服务持续稳定地运行，不出现卡顿、延迟甚至瘫痪，则显得更为关键。

传统的 IDC 架构显然不适应这样严峻的挑战。一方面，设备采购、部署、上线，正常流程将长达几个月，无法应对突如其来的流量峰值；另一方面，一旦临时性的流量峰值过去，采购的软硬件设备又是极大的浪费，其投入产出极不经济。

相对而言，云计算服务在扩容弹性和成本方面的优势显而易见。如猿辅导，其在 2 月 3 日进行了一次扩容，从资源盘点、需求下发到扩容结束，不到 10 个小时，凌晨 5 点扩容完成，当天即成功达成了全国百万中小学生在线听课的挑战。到 2 月 10 日的一周内，猿辅导共计完成了 3 次系统扩容，云资源用量增加近 1 倍。

事实上，云服务所能提供的，还不仅仅是低成本、高弹性、高可靠的算力。公有云具有全域覆盖、多层渗透的特点，其边缘节点基于运营商边缘节点和网络构建，可以服务分布在全国乃至全球的授课教师和学生，满足大量二、三线甚至四、五线学生的需要，保证了实时直播和交互互动的网络稳定，也支持了在线教育课程服务的广域覆盖。此外，基于云架构的AI技术，能实现诸如自动批改、课程质量监控、发音识别、学习模式分析等功能，会深刻地改变传统学习体系、评价体系及师生之间的互动，让在线教学真正成为自然、顺畅和全面的交互。

后疫情时代，教育向何处去

疫情终将结束，但教育的形态已经不可能简单地退回从前。

事实上，在过去的10年里，以云计算为代表的新兴技术一直在改变教育的形态。疫情只是作为一个催化剂——而非反应物本身，加速了教育上云的进程。

在教育上云的过程中，人们容易感受到的是在线化在时空上带来的便捷性。但是，还有一些更为深刻的因素，将引导未来的教育形态在云上持续迭代。

第一，"云化"带来优质内容的可沉淀、可复用性，将提高效率，促进公平。

"效率"和"公平"通常被视为很难兼得，但在教育领域，这两个词在很大程度上是同向的。在传统教育形式下，教育公平之所以难以实现，是因为优质教育资源无法被高效利用。譬如，优秀的师资是独占性的，优质的课程和讲座是高价值或非公开的。但是，"云"可以提供有效的解决方案，促使优质内容被沉淀和复用，并使其覆盖到足够宽广的范围，造福原先难以触达这些资源的学生。优秀的师资因此减少了简单制作副本的时间，也就有了更多的精力去生产优秀的内容，将这个积极的循环继续推动下去。

第二,"云化"有利于加强人与人之间的协作,使教育从双向交互升维为多向交互。

对学生而言,培养协作的能力非常重要。在传统教育中,较为常见的方式是师生双向交互,而"云"则可以突破场景的限制,支持更大范围的交互方式。例如,学生可以从任何地点,在云化的平台上与其他学生就某一门课程进行协作,而老师则可以实时提供反馈。此外,"云"还能够简化教育者之间的协作,甚至打通不同教育机构之间的壁垒,形成一个广域化的教育社区。

第三,"云"支持下的大数据和 AI 技术,有可能高效地实现教育个性化。

由于成本和资源可得性的约束,在传统的教育形式下,"因材施教"只是一个概念上的标杆,通常情况下很难得到良好的落地。但显然,云计算支持的大数据和 AI 技术等,正在使个性化教育成为可能。例如,在教育云上,由于学生的每一次交互动作都将留下痕迹,这些痕迹能够被机器反复学习和消化,那么,经过反复训练之后,机器可以高度精确地描绘出某个具体学生的知识结构,指出他最擅长和最薄弱的环节,并给出有针对性的学习建议——想想看,放在传统的场景下,这需要多少有经验且高度负责的老师呢?

正如雷朝滋所说:"疫情过后,因应新时代人才培养目标的变化,未来教育必定朝着智能化、个性化、多样化、协同化、集成化的方向发展。"这些目标——也是更贴合教育本质的目标,必将推动"教育上云"的进一步发展。

未来高校新基建：
浙江大学的云上实践

高等院校是我国教育和科研的中坚力量，是最早进入信息化的群体之一，也因此对数字化变革有着相对领先的认知和实践。即便如此，高校的数字基础设施建设仍然不是一件轻而易举的事。这是因为高校数字基础设施的建设，不仅仅是单纯的信息技术和系统的使用，还是对原有思维方式和格局的改变，涉及组织和管理方式的变革，也涉及系统改建、新建以及系统孤岛整合的海量工作，更涉及对惯性思维的突破以及基于用户体验的迭代优化，非有勇气和决心不能为之。

浙江大学的数字化实践是一个非常典型的样本。一方面，在主要领导的高度重视和长期推动下，浙大踏踏实实地用几年时间逐步推进基础设施的云化；另一方面，在 2020 年这样一个特殊时点，浙大以"抗疫"为契机，在短时间内集中高强度的人力物力，一鼓作气实现了课程全面上云。而且，通过云上的实践，浙大还不断深挖数据价值，实现了很多传统场景下难以想象的新"玩法"，让教学和科研裂变出了更多的创新可能性。

——郭斌/浙江大学管理学院教授、浙江大学−剑桥大学全球化
制造与创新管理联合研究中心副主任

数据战"疫"

2020年春节前后,新冠疫情的突袭使得全国各地各界都面临一场大考。在教育领域的考场上,浙江大学以完备的体系、快速的反应和积极的成果,打了一场漂亮的数据战"疫"。

战场的号角声最早在武汉响起。1月23日上午,武汉市宣布"封城"。随后,全国多地启动重大突发公共卫生事件一级响应。得知此消息,浙江大学信息技术中心的几位负责人一起开了个会,形成了一致判断:到原定2月24日的开学时间,一定会有许多教职工和学生回不了学校,采用线上教学的方式势在必行。

于是,中心主任陈文智教授向校领导去电,建议立刻建一个全线上授课的系统,保障不停教、不停学。校领导非常重视这一建议,但在更大范围的讨论中,却有老师提出质疑。有人问:"时间这么短,能建得起来吗?你不要现在拍胸脯,以后拍大腿。"陈文智的回答是:"行也得行,不行也得行!"

敢立军令状,一半是因为"有底子",另一半则靠"有决心"。所谓的"有底子",是浙江大学在过去两三年里,已经做了一些数字化平台,包括叫作"学在浙大"的教学平台、叫作"浙大钉"(即钉钉的浙大版本)的用户端,以及浙大与阿里巴巴合作构建的一朵专用云——浙大云。"浙大钉加学在浙大平台,再加浙大云,以三大重武器,构造一个在线教育的航母。"陈文智如是构想。

有了"底子",另一半则要靠"决心"。尽管平台已有雏形,但从未经历过完全在线化的考验,许多未来的工作要提前到现在加速完成。一个简单的例子是,当时的学在浙大平台其实尚未与教务系统联通,因而没有课程数据。原来的设想是在未来的两年里试开300门课,而现在则必须在短短十几天内,跳过试验阶段,将所有课程全部上线。

但"军中无戏言",既然已经下了决心,就非得排除万难不可。陈文智召集了中心所有骨干,分成5个工作组,立刻投入紧张的工作之中。

首先是战前的准备。所谓兵马未动,粮草先行,要支撑全线上授课,必须对现有的数字基础设施做加固升级,包括服务器扩容、出口带宽加大、平台并发数提升等。

其次是通过零星的战斗,解决一些外围性问题,包括24小时内上线"战疫通"(健康打卡平台),24小时内开发浙大通行码,两天内搭建两个防疫知识介绍的公益网站,等等。

这场战役最核心的部分,当然是建设一整套在线开课的方案。这套方案希望达成的目标非常之高,可以用三个"100%"来概括:应开课程开课率达100%,教师(含外籍教师)试讲率达100%,学生(含国际留学生)进课率达100%。而要达到这三个"100%",方案需要解决两个核心问题:第一,在什么平台上管理课程;第二,用什么方式将课程给到学生。

经过激烈的讨论,最后的方案是,以学在浙大作为课程管理平台,以浙大钉作为课程直播平台。除了允许老师以远程的方式接入直播,浙大还决定改造一批"智慧教室",将线下的教室接入线上,方便具备回校条件且板书较多的老师使用。

平台有了,但要使平台能用、好用,其间还有极其艰巨的工作要做。根据信息技术中心总工程师张紫徽的回忆,光是其中的数据准备工作,就构成了巨大的挑战。

"有一个阶段是数据准备阶段。为什么要准备数据?因为我们要把7000门课放到学在浙大平台上,这就涉及平台和教务系统的数据比对。然后,学在浙大平台又要借助传统的通讯录系统,连接到完全异构的钉钉系统上,这样多方对照,差不多有10万条数据。很多沉淀下来的老数据是错误或有遗漏的,还需要人工核验。"张紫徽带着工作人员做了一个数据看板,方便直观地发现问题。尽管如此,他们仍然没日没夜地耗费了 10 天时间,才完成数据清洗和系统正常连接。

数据准备只是许多工作中的一环,视频会议系统建设、全链路压力测试、7 天 200 间"智慧教室"的搭建……所有这些工作无不烦难琐碎。好在浙大也并非孤军奋战,2 月 8 日元宵节这天,浙大召开"百团大战"战前动员会,动员了包括阿里云、钉钉、赛尔网络、新华三、西安智园、华栖云、金桥信息、锐捷网络、正方软件、上海智隆信息、城云科技、安恒信息、邦盛科技、网新图灵、浙大简学、浙江电信、浙江移动等在内的 40 多家合作伙伴,群策群力,共同应对这场数据之战。

2 月 24 日终于到了。这一天,"大潮"涌动,平台单日访问量突破 100 万,但系统应对流畅,毫无滞涩。所有人都明白,面对这场教育界的"双 11",浙大成功了!

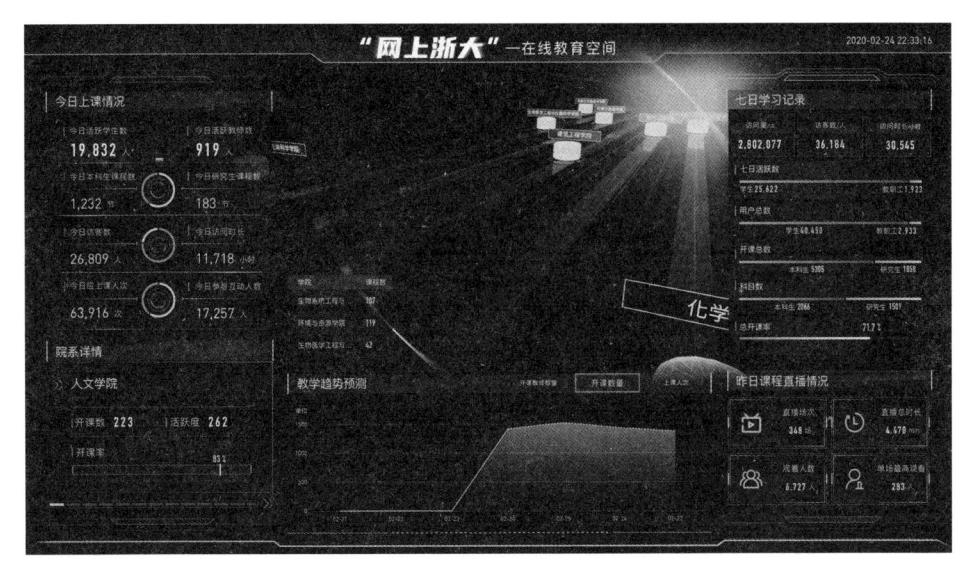

"不停教不停学"背后的数字支撑——"网上浙大"在线教育空间。在平台上,每日上课情况、课程直播情况、各院系开课情况等一目了然

面对阶段性胜利,陈文智和张紫徽们并没有就此停步。3月7日,服务于在线科研的"研在浙大"平台上线,在随后的半个月,他们连续发布了11个子系统,启动了"登月计划""朝阳计划"等多个计划,为200多个科研团队免费提供虚拟计算资源和存储资源,给1万多名学生准备了虚拟主机。

如今,疫情虽然仍未平复,但"网上浙大"已经运行得井井有条。截至2020年10月底,学在浙大平台访问量已经超过7000万人次,在线课程超过1万门,覆盖超过100个国家和地区的学生,视频直播/会议的时间超过1亿分钟。张紫徽感叹说:"这场数据之战,面上打的是数据,背后打的是平台,是组织。我们建立的平台,尽管此前还没有经受过考验,但疫情促使我们强化了它们。而真正核心的因素是组织,因为校长、书记两位一把手对信息化的熟悉和重视,因为分管副校长们的共同推动,因为中层干部们的紧密配合,所以我们能把平台建起来,进而打赢这场攻坚战。"

厚积薄发

张紫徽的感叹并非官样文章式的"感谢领导",事实上,参与这场"战役"的阿里云同事也承认,浙江大学之所以能够在疫情期间迅速将教学平台移植到线上,与其近年来对数字基础设施的投入密不可分。而这些,正是在其主要领导的全力推动下完成的。

2015年,计算机科学家吴朝晖教授就任浙江大学校长。次年,在调研学校的图书信息中心之后,吴朝晖提出了建设"网上浙大"的概念。2017年,吴校长与分管信息化的时任常务副校长任少波(现任浙江大学党委书记)推动机构改革,将信息中心和现代教育中心合并为信息技术中心。2018年4月，为了进一步灵活用人机制和项目管理机制，全面增加与外界的合作交流，浙江大学信息技术中心与阿里云等战略合作伙伴签约，开始共建"智云实验室"。吴朝晖、任少波等校领导及时任阿里云总裁胡晓明出席签约仪式。

建设"智云实验室"的目的，是推动中国教育模式的改革。具体的路径则是通过信息化技术的探索，整合形成教育行业的信息化解决方案。这个"实验室"本质上是一个基于浙江大学而又叠加了包括网络运营商、网络设备提供商、软件开发商、互联网公司等一大批合作伙伴的集群式平台。正是这个平台，在此后的两年间为浙大逐步打开了通向未来数字世界的大门。

当然，没有人可以从起点直达终局。在探索数字新基建之初，无论是浙江大学还是其主要合作伙伴阿里云，对未来平台的框架都并没有一张可以"绘到底"的蓝图。最初，双方的突破口，是从解决一个叫作"小锅炉"的局部问题开始的。

所谓的"小锅炉"是一种形象的称呼，指的是学校院系之间甚至院系内部的不同课题组之间，其计算资源（服务器）是相互独立、各自为政的，就像一口口小锅炉一样。"小锅炉"的管理方式在国内高校极为普遍，存在着明显的缺陷：一是高成本、低效率，有些算力被超负荷使用，以至后续的课题运算需要排队，有些算力又长期闲置，存在冗余；二是管理运维方式比较原始，浪费较多的人力资源。

为了解决这一问题，浙大信息技术中心与阿里云共创了一个想法，叫作"众筹式科研云"。这朵科研云是基于浙大原有算力的专有云，它将分散在各个院系、各个课题组的算力集中起来运营，其上部署了阿里自研的飞天系统，底层则采用了阿里云神龙架构的计算模式，兼具物理机的性能和虚拟机的弹性。在这一管理模式下，尽管硬件条件没有发生根本变化，但科研团队可以按需购买算力，以最小的成本达到最好的效果。对于学校而言，仅仅这一个改变，就将资源利用率提升了10倍以上。

此后，阿里云还在科研云中引入了公共云，提供了更为强大的算力，这对科研团队的效率提升几乎是指数级的。"在疫情期间，由于我们的算力提升，能够支持一些大规模的传感器数据采集和运算，甚至提供疫情传染模型的计算，我们的一些医学团队的效率提升了70倍到1万倍不等。这就好像从骑自行车变成了坐高铁。"陈文智这样形容道。

科研云的首战告捷，大大增强了浙大向数字化挺进的决心。同年，钉钉的浙大版本——浙大钉，也启动了建设。

建设浙大钉，是基于办公移动化和数字化的判断，是希望将移动互联网的工具、能力和理念复制到教育行业。陈文智将浙大的信息化平台概括为"大中台、小前台"模式，浙大钉就是一个小前台。为什么会选择钉钉？陈文智解释说："第一是钉钉在用户底下有组织架构的支撑，这为组织的移动化提供了非常好的支持；第二是平台开放，因为钉钉可以针对不同的组织来构造工作台，工作台上能把原来的移动应用无缝迁移过来，解决原来入口多、账号密码记不住的难题；第三是钉钉有很多软硬一体的解决方案，包括门禁、考勤、投屏甚至云打印，这就方便我们提供更多的服务。"如今浙大钉上已经集成了上百项师生常用的管理服务事项，几乎所有常规流程审批都可以一站式完成。

浙大钉的推动也并非一帆风顺。2019年2月正式上线时，师生中仍然对此有一些不同的声音。有些人担心，过多地在线上进行信息集成可能会导致个人信息的泄露；有些人则对打造移动前台的必要性表示怀疑。但是当时间来到2020年，当人与人之间的物理距离被限制，移动端的便捷优势便极大地显现出来了。疫情期间，浙大钉平台办理教工返校申请2万多次，请假1.4万多次，临时办公1.2万多次，各类科研申报8000多次，中层干部外出报告 5000 多次……在一系列的数据面前,所有的质疑都已经消弭于无形。

数据优化管理,不仅仅体现在浙大钉上。在阿里云团队的帮助下,浙大还做了一张指挥大屏,在线监控浙大云的运行情况,便于及时查漏补缺,确保"网上浙大"的正常运行。其中包含了 20 多张数据屏,分别从科研管理、财务分析、教学质量等维度进行分析。基于这些实时数据,学校的管理更加有据可依,相比传统的"依靠经验拍脑袋"的做法,这无疑是巨大的进步。

通向未来之路

全社会、各领域的数字化已成浩荡大势,数字基础设施的普及带来的数据量和运算量的猛增,使越来越多的高校意识到,依靠传统的"堆服务器"的办法,既耗费成本又缺乏弹性,软硬件还不能快速迭代,因而纷纷转向混合云的基础架构。

但纵观未来,数字化变革可能带来的成效绝不仅仅停留在提升效率、降低成本这样的维度。浙江大学作为全国高校中的第一梯队,在数字化转型方面也率先蹚向"深水区",它以自己的实践表明,数字化转型,将有可能深刻地改变科研模式和教学模式,在"十四五"规划将科技自立自强作为国家发展的战略支撑的背景下,这些探索具有重要而深远的意义。

数字化对科研的促进,最直观的当然是效率方面的提升。当前,科研本身的数字化已成为大势所趋,在很多领域,突破性成果的取得与算力资源的拥有密不可分。而在此之外,数字化还可能打破学科之间的天然壁垒,使不同学科之间产生交叉融合,从而诞生传统模式下很难想象的科技创新。

仍以浙大的实践为例。当前，浙大在自己的科研云上部署了数据共享平台和知识共享平台，提供了科研软件的生态聚合。一方面，科研人员获得了"所见即所得"的服务，一个生物学研究者可以直接在云上跑模型，不必先钻研软件使用的技术；另一方面，不同课题组在云上进行科研活动，产生的科研数据和成果（如论文）将进入共享平台，既方便自己实时追踪，也能让其他课题组按需检索获取。在传统场景下，任何一个研究人员都很难具备跨学科快速更新认知的能力，但现在，由于科研云平台的赋能，交叉融合、联合科研的场景大大增加，就会迸发出新一轮创新的可能性。

教学是科研的基础，而数字化对教学的场景改造，可能将更具有革命性。

疫情期间，浙大在线教学的表现优异，最大限度地保障了教学秩序。但在阿里云团队看来，这只是万里长征的第一步，即实现了教学体系的在线化，而要走向教学体系的数字化，还有巨大的空间。陈文智对此总结得更为有趣："在疫情期间，我们在'忧课'，就是操心怎样把这些课程给到学生；而教学正常化之后，我们在'优课'，就是考虑怎样用数字化的手段，让教学做得更好。"

"优课"的数字化手段，也是在摸索中一步步变得清晰的。最初，人们发现线上授课时面对的不仅是本土学生，还有国外学生，因而考虑引入语音识别和在线翻译等技术手段，使老师讲解时同步出现中英文双语字幕。同时，为学生提供一个协同笔记的页面，直观地展现课程的核心内容，并方便学生进行个性化的记录。

此后，技术团队又发现，由于大量课程需要使用专业词汇，常规词库中并不具备这些词汇，因而他们着手进行了"知识图谱"的研究。所谓知识图谱，十分类似于一张神经网络，它将一门课程的核心要点提取出来，并构建要点之间的联结关系。知识图谱开发出来后，一是大幅提升了在线翻译的准确性，二是方便学生检索和复习；此外，它还可以与老师授课时使用的高频词进行对照迭代，从而对课程进行数字化的重构，将原有的45分钟课程提炼成5~10分钟的精课，方便更多非本专业学生学习，更好地推动教学模式从教师驱动型向学生自驱型转变。

在知识图谱之外，技术团队甚至还在探索建立另一种图谱——能力图谱。所谓能力图谱，是描绘一个人的兴趣、潜力、能力特征的图谱，可以对每一个受教育者进行能力画像。在传统教学中，人们一直对"因材施教"的境界孜孜以求，但这对教育者的能力和精力提出了很高的要求。现在，数字化的知识图谱有助于教育者精准地"施教"，能力图谱则可以帮助教育者准确地"因材"，它们实际上已经构成了精准教学体系的一体两面。

在上述例证中，我们可以清晰地看到，语音识别和在线翻译实质上是授课内容的数字化，知识图谱是知识结构的数字化，能力图谱是受教育者能力和潜力的数字化。这些长期以来经验化的、口口相传的东西，正在成为可以精确定义的数字，从而为教学模式裂变出无限可能。

这就像张紫徽所说的："从线下到线上的价值在哪里？实际上它的价值就在于数字化。突破数字化的关口，延展出的玩法就变得无穷多，我们可以展望的空间也就变得无限大。"

结语

全速重构，数智未来

数字化生存

在1995年出版的《数字化生存》一书中，希腊后裔尼葛洛庞帝预言：人类将生存于一个数字化的活动空间，在这个空间里，人们应用数字技术从事信息传播、交流、学习、工作等活动。

在20多年前，这是十分超前的观点。在欧洲一些国家，他的论断被视为天方夜谭。那时有人进行"数字化生存"试验，一个人完全不出门，只依靠刚兴起的互联网生活，至多能坚持72小时。

此书第二年被翻译成中文出版后，中国的第一代互联网创业者们，把它当成了手中的"圣经"。

如今，预言得到应验，在中国，"数字化生存"成为现实。尤其是在2020年，疫情高风险之下，我们"数字化生存"的能力，成了举国应对危机的硬实力。

回头来看，在封城、居家防疫的日子，如果没有网上购物、外卖到家、生鲜配送、在线开课、远程办公等"数字化生存"能力，我们的疫情管控可能会面临更多困难。

"在这一次疫情中，我们看到了数字技术全面武装起来去应对疫情的巨大力量，切实感受到了数字化生存——从疫情开始的寻找答案、维持秩序到恢复重建，都是一个'全民参与的、全链路的、全周期的、全方位的'过程。这是人类历史上从来没有过的一种应对疫情的状态。"湖畔大学执行教育长陈龙说。

从疫情监测、防控救治到疫苗研发，从物资调配、社区管理到有序流动，数字技术构建起一道隐形防线，帮助我们快速交上防疫答卷，为更早地恢复社会秩序，为中国经济走向复苏、由负转正提供了巨大的支撑。

比如，在抗击疫情过程中，浙江织就了"一图一码一指数"的精密智控网，成为全国第一个复工率超过 90% 的省份，而其中最为关键的一环"健康码"——从杭州诞生，只用 7 天时间就走向全国。

《世界互联网发展报告 2020》指出，新冠肺炎疫情冲击全球经济社会发展，数字经济被视为全球经济复苏的新引擎，成为对冲疫情冲击、重塑经济体系和提升治理能力的关键力量。

数字新基建

你的数字化生存，每一个包裹、每一顿外卖、每一次支付、每一局游戏、每一节线上课程，都离不开背后的数字革新。

那么，是什么在推动数字革新，支撑我们"数字化生存"的能力？

答案是数字基础设施。比如通信技术，1G 让我们可以打电话，2G 可以发短信，3G 可以上网，4G 看视频节目、直播购物，5G 代表着"万物互联"的数字时代已然开启。

比如"云计算"。在疫情期间，由于人们的物理距离被限制，线下活动被迫转移到线上进行，指数级增长的流量让传统 IT 架构难以承接，因此，高弹性、高可靠的云计算成为支撑我们"数字化生存"的底座。

物理世界的基础设施显而易见，数字基础设施的崛起无声无息，它不再是我们传统认知里的路网、电网、水网，它可能是空中传输的信号、云上运算的代码、深山里的数据中心，看不到，但又无处不在地构筑着我们数字化生存的世界。

从国家战略层面来看，新基建的本质，就是以云计算、物联网、人工智能为代表的数字基础设施建设。新的时代，数字新基建接棒传统基建，意味着中国正在加速数字化升级。再往后看，数字技术会像空气一样，人们感受不到，但无处不在。

"数智化"未来

C端的数字化生存，倒逼着B端的变革。也就是说，个人的消费、娱乐、学习、工作等行为的高度数字化，正在加速着企业、产业的数字化升级和进一步的"数智化"变革。

再次回顾一下我们看到的数字经济的图景吧——一家生产麦克风的"硬科技"公司，在阿里云的"软实力"加持下，打造了一个走向全球的"云"上智慧会议系统；一个老牌制鞋企业，通过数据中台建设和全面数智化，在2020年"蜻蜓大作战"，化疫为"翼"；沙漠深处的煤矿，成了宜产宜居的"数字化"智慧矿区；在"蔬菜之乡"的传统塑料大棚里，用工厂流水线的方式，半自动化种植出了一棵棵蔬菜。

此外，我们还看到，即使是政府自身，也在进行数字化改革。有一句话让人印象深刻：过去改革靠文件，现在改革靠软件；过去办事看脸面，现在办事看界面。2020年已经告诉我们，社会治理离不开数据的支持，"建设数字政府，是推进政府治理体系和治理能力现代化的必由之路"。

从工业到农业，从城市到乡村，我们正在亲历和见证这样的一幕：数字化＋智能化的浪潮，正席卷中国大地，"生意"、生产、生活正在"云"上重构，一幅"云上的中国"画卷，正在徐徐展开。

在 2020 年的云栖大会，阿里云提出了"全速重构"这个未来关键词。

重构是一个程序员专业术语，通俗来讲，重构就是在不改变外部行为的前提下，有条不紊地改善代码。换句话说，重构不是建造一个新的东西，而是改善旧的东西，让它更好。

重构，是一家企业、一个产业，甚至一个世界的新规则重组。

全速，是这一改变刻不容缓的急迫，是过时不候的时代列车。

我们终将迈入数字创新未来。

巅峰对话

吴晓波 × 张建锋对谈实录

云服务助力"双11"

吴晓波：今天是"双11"前夕，是你一年中最忙的时候。"双11"实际上已经有十来年了，云在其中能够发挥什么样的作用？

张建锋：云在"双11"中主要是起基础设施作用。"双11"的流量峰值很高，云最重要的价值就在于为上百个系统在一定量的服务器范围之内提供灵活调度。比如"双11"开场5分钟，消费者集中下单，最重要的系统是购物车，因此把服务器资源都调度给它使用。半小时之后，就需要调度给其他系统使用，这考验云的灵活性。

互联网应用架构的技术路线本来就是分布式的，云是在应用系统分布式上再造了一层，让调度变得更容易。采用云服务后，我们把很多原来的软件，像数据库等，变成云原生化了。云有两个显著的特点，一个是我刚才说的弹性很好，第二个就是资源池化。池化是什么概念呢？本来一台电脑里面有CPU（中央处理器），有硬盘，有内存，现在就把所有的硬盘都挪到一个新地方，一组服务器全是磁盘，全都用来存储。原来的服务器在本地存得比较快，把所有的存储都集中到一个地方后，就要解决高性能网络的问题，现在我们能做到比本地磁盘存储还要快。

2020年：数字化转型的普及年

吴晓波：2020年，疫情对阿里云来说既带来挑战，又带来很多新的机遇。现在大家的消费行为以及企业的办公软件，很多都到互联网上去

2020年"双11"前夜，吴晓波对话张建锋

了。2020年对阿里云、对你个人来说，关键词是什么？

张建锋： 我觉得2020年是数字化转型普及的一年。以前大家都在讲云计算、大数据，但实际上很少有人真正知道云计算和大数据能干什么。2020年的抗疫过程起到了普及教育的作用，让全社会真正知道云计算和大数据跟我们的生活是息息相关的。浙江省就非常典型，从健康码到复工复产，包括浙大的云上教学等。企业办公形态也因为受疫情影响，发生很多变化，例如视频会议、云上办公。我觉得这些变化会固化下来，因为企业可能会觉得数字化办公比以前更简单高效。

吴晓波： 而且成本更低。

张建锋： 是的，以前公司开一个千人大会，组织起来是很麻烦的，现在可以随时随地开千人以上的大会，这个是很大的变化。

吴晓波： 很多行为都在往云上搬，往线上搬。

张建锋： 后疫情时代，企业肯定更关注生产流程、供应链以及营销等能不能实现进一步的数字化。

吴晓波： 我这次做"云上的中国"项目，跑了很多企业。我们发现，那些跟阿里合作做工业互联网、智能化及产业化的企业，从组织、效率到人的观念意识，都发生了很大的变化。例如在蒙牛的牧场，陪我参观的90后，大学里是学兽医的，没有学过计算机，但现在他的工作都是在手机上管理的。所以你们在跟这些传统行业的企业合作，把它们搬到云上的时候，最大的体会是什么？或者最大的难点是什么？

张建锋： 10年前，软件开发工程师是一个独立专业，而且这些人被集中在一些专业公司里。今天以及未来，软件专业虽然还是一个专业，但它已经是一个通用的专业了，各行各业都会有本行业的软件工程师。

吴晓波： 可能就跟写作一样，编程会成为一个非常通用的专业。

张建锋： 公司里面都有软件工程师，但有些公司没有做智能化的专业人才。阿里云要做的不是普通的软件开发，而是要解决"产业数字化"的问题。"产业数字化"是技术要跟产业融合，并且是高水平的融合。掌握数字化、智能化技术的人，跟工厂的场景做结合，用数字化、智能化的视角来看传统业务应该怎么做。

吴晓波： 接触下来，我感觉中间还是存在一个咬合的问题。阿里云跟蒙牛一起做了一个系统来追踪牛的行为，系统从牛的行为认为牛发情了。但人跑进去一看，那头牛实际上已经怀孕了，而牛怀孕是不会发情的，所以说明出现了数据紊乱。这个时候就需要蒙牛的人跟阿里云的人再来做衔接，研究已经怀了孕的母牛会发出哪种声音或者做出哪种行为，以判定它不是在发情期。攀钢也一样，西昌钢钒的表检会有很特殊的场景，需要双方工程师共同合作。

张建锋： 所以我觉得数字化转型的一个关键就是跟产业融合，最主要是解决连接的问题，而数字化主要解决跟产业融合的问题。

吴晓波： 这件事很有意思。

张建锋： 制造业的企业原来是以部门为单位的，负责生产的就管生产，维修的就搞维修。以一条生产线为例，因为生产线不能停，所以它需要确保设备都是完好的，要有备件。如果没有备件或者备件坏了，整条生产线就停下来了。而备件要有人维修，维修的人员要管理，这是一整套的事情。数字化把这些边界打破了，把整套东西融为一体了。首先，我们可以知道故障率大概是多少，做预防性预测。其次，在维修上，例如一个人要修一个小时，另一个人只要修半个小时，就可以对维修工人进行管理定级，把知识提炼出来，然后去培训更多高水平的维修工程师。把整个生产流程管理和培训都融合在一起。

吴晓波： 我去参观了东莞技师学院，这个学院是跟德国人合作的，对方讲得有道理：原来电是电，机是机，电机是分开的，计算机也是分开的，所以一个工种原来要三个人做。而现在就要培养一个人，既懂电又懂机，还懂编程，才能够满足自动机床的改革。所以蓝领工人的变化也挺大的。

现在在合作中，你觉得与哪些公司的合作进展比较顺利，能够快速出成果，哪些公司的阻力很大，原因在哪里？

张建锋： 首先我觉得一把手很重要。第二我觉得这是一个系统性工程，解决的是一个系统问题，需要理念的转变。我举一个最简单的例子，很多公司在用钉钉，但钉钉不仅是用来沟通聊天的，还能深刻改变企业组织的形态，增强组织间的协作。原来所有工作都是围绕着组织来设定的，但是现在要求的是要围绕一件事情转。比如你今天要生产一个设备，那供应链、生产车间和制造，都要围绕这件事进行。我们希望以后都是按照事情，把所有的组织单元给组织起来，过程中可能出现很多的问题，要开会、讨论、执行，中间还有很多文件要管理，等等。但我们希望以后组织都是通过这种方式来管理。

吴晓波： 围绕着事来做。

张建锋：对，围绕着一个工作来组织，而且很多是突破现有组织边界的。例如工厂都是突破边界的，像蒙牛要解决供应链的问题，从路上的车到门店，要解决的是一长串的事情，很多可能都不是公司原来在干的事情，需要有一个新型的平台来管理。所以我认为它是一个很大的理念转变。第一要有决心，第二自己要有方法论，第三才能够在执行上，从点状突破，培养意识。我跟很多领导讲，原来买一套设备花几千万元甚至上亿元，而数字化转型虽然花的钱很少，但是花的心血很多。

吴晓波：而且原来的工作任务系统变化很大，会破坏组织。

张建锋：破坏了原来的旧世界，新世界要建立起来是很痛苦的，这个不是钱的问题，花钱不多，但是花精力太多。为什么董事长要来管这件事情？有一些企业领导者喜欢琢磨、喜欢干这件事情，一般就推进得比较好，因为他们相信数字化转型带来的价值。

中小企业的数字化转型之路

吴晓波：对中小企业的数字化转型，你怎么看？

张建锋：对中小企业，我们希望以后更多地使用一些平台化的东西来帮助它们解决问题，比如招聘。它不需要一个很大的系统，有一个服务提供给它就行。比如员工打车，以前员工打车都要拿出租车发票报销，要一整个流程。现在都是别人做好了平台，小企业把别人做好的东西引入公司就可以了。

吴晓波：未来可能是通过一种插件给中小企业提供云服务？

张建锋：对，SaaS（软件即服务）化服务。

吴晓波：或者 PaaS（平台即服务）化服务？

张建锋：对，大量的流程也变了。比如说你要去上海出差，你可以选择打车去，也可以选择坐高铁。以前你选择打车去要审批，现在不需要，你爱打车就打车，但是企业会进行事后管理。例如系统分析觉得你从杭州到上海，为什么打车呢？这时它会提醒你。主管也会定期收到报告，可以根据实际情况和员工进行沟通。例如员工很着急，一个项目很重要，又没有高铁票了，他就会打车，对吧？在这个系统的管理下，员工要学会自我管理，他必须知道这个系统是智能化的，不强调事先审批，增加了员工的自主性和灵活性，但一定会更加强调事后的控制。这其实是管理理念的很大转变。例如在我们公司，你去北京出差，可以提前两天或三天订飞机票，也可以当天订，但我们事后会有一个详细的分析报告。你如果经常当天订机票，那我们会认为要么你的工作性质比较紧急，要么是你对工作缺乏预见性。

这些都是经营理念上的巨大变化，需要一个新的系统做支撑，其中有许多工作需要完成。当一个企业的数字化转型开始有收益了，企业负责人的思路能够转过来了，他就会推进得更快。

吴晓波：还是观念问题。

云服务市场的差异

吴晓波：现在产业智能化已经成了一个非常明显的趋势，如果从行业来看，阿里云现在在国内领先。全球也有很多好的云公司，未来各个云服务公司会不断开拓业务,希望帮助企业实现产业化转型。

张建锋:中国的云计算有一个非常独特的地方,中国客户绝大部分不仅仅是为了解决 IT 设施的数字化问题,而是要解决业务的数字化问题。中国客户的数字化,对于大部分企业而言,成本不是第一需求,创新才是。政府也一样,希望的是实现政务流程重组,有创新。所以我认为在中国市场,如果没有结合好行业,光做技术支持是很难有前景的。当然,我们现在的第一步是做到我们的基础设施是中国目前最稳定、最安全、性价比最高的,但这是必要条件,不是充分条件。

吴晓波:这句话怎么解释呢?具体怎么说?

张建锋:比如数字政府,浙江要做一网统管、一网通办这些业务,帮助政府实现数字化转型,而不是完成 IT 设施的转型。我们跟很多企业谈——包括刚才说的攀钢,它们的重点是解决生产制造、供应链管理上的一系列问题。所以我们阿里云要有非常强的行业咨询能力,并且用新型的数字化、智能化和移动化的手段去支持客户解决问题。

吴晓波:其实还是要提供一个解决方案,不是我突然要一朵云、一个基础设施。像攀钢,它可能有 10 个项目,你帮它完成了 2 个,它觉得有效果了,那再帮它完成其他 8 个项目。

张建锋:对,这个时候你告诉他,要完成这个工作,得有一朵云,它才会说那可以,你去做。云的第一批客户是互联网客户,互联网客户因为天生做的就是软件产品,是数字化的产品,所以它只需要云的基础设施。

吴晓波:行业咨询能力是不是收购一家公司就能很快提升?

张建锋:现在还没有成熟的公司,因为行业都需要新的数字化/智能化。我们现在在快速积累新的行业知识,行业知识不能用传统软件去解决,一定要从数字化、智能化、移动化的角度,以新的思路去解决。

吴晓波：所以，你们和攀钢合作，中间对接的那家公司积微物联就起了很重要的作用。

张建锋：这是一种模式创新。原本对于攀钢来说，要解决的是钢材与客户之间的金融和物流问题，因为它的公司在西部，这是有挑战性的。所以我一直认为，这个模式的思路是对的，中国的钢铁服务跟钢铁制造一样重要，因为钢铁是重物流、重资本的产品，中间一定会需要一些服务性公司来衔接。

云 2.0 时代已来临

吴晓波：你去年谈到了"阿里云 2.0"，可能很多人还没有搞清楚"阿里云 1.0"，怎么就到 2.0 了？ 2.0 和 1.0 有什么区别？

张建锋：过去我们说的 1.0，指的是传统的云计算，是 IT 解决方案，而 2.0 时代我们讲的是一整套数字化、智能化、移动化的解决方案。所以，现在要强调大数据的能力、智能化的能力，以及像钉钉这种移动协同的能力。我认为，以后客户要的云计算，是新的数字化时代下一整套的解决方案，它不仅仅是一个 IT 解决方案。

阿里云从 1.0 升级为 2.0，就是给原来简单狭义的飞天云平台，装上了一个数字原生操作系统，提供类似 Windows 窗口式的界面，让不懂代码的人也能把云的能力用起来。

在 1.0 时期，云像是一个 DOS 系统的计算机，人需要掌握一套复杂的代码指令让它运行起来。这个时期的使用者以技术人员居多，有一些技术门槛。而 2.0 的云就像一个 Windows 系统的计算机，人不需要懂代码，点一点图形界面就能搭建自己的应用，也就是降低了云的使用难度，让更多非技术行业的企业和人也能够用上云。

这将为人类和云计算的交互提供一种全新的模式，让云更加易用，让应用开发更加容易。任何企业和个人不需要看懂代码，就能具备云化、数据化、智能化、移动化、IoT（物联网）的能力。

2.0 之后，云将深刻改变企业组织的形态，不单让企业信息系统变得更加敏捷和智能，更会增强组织间的协作，带来高效的社会化大协同。这是数字化升级的必由之路，让企业组织更加智能，真正迈入数字化的社会。

吴晓波：所以是 2.0。

张建锋：中国以后一定会出现一些超过 10 万人的大型软件公司，现在中国还没有这么大规模的软件公司，中国最大的软件公司就是刚才你说的这种财务软件公司。ERP 软件里占比最多的企业经营管理软件的生产公司，最主要卖的不是软件，而是它的思想。它觉得一家大型现代企业，应该这么来管理，应该这么来经营，这其实比卖一个软件本身重要得多。

吴晓波：管理思想。

张建锋：管理思想会形成生态，企业如果不用，和行业内其他企业对接就会比较麻烦。所以，中国的数字化是一个现实问题，我们的合作伙伴在转型，大家都在转型。

吴晓波：都在往差不多的路上走。

张建锋：对，中国企业的数字化意愿是很高的，非常高。

中国未来的数字化格局

吴晓波：请你判断一下，比如现在我们都在做"十四五"规划，那么"十四五"末期，中国的数字化大概是什么格局？

张建锋：现在中国数字化的动力来自两个方面，一个是公共服务数字化需求，第二个是企业的数字化转型需求，企业的转型意愿也很足。毕竟在市场竞争中，第一要节约成本，第二，企业在用了一些数字化的设施之后，会变得更敏捷。更敏捷是非常重要的，如果一家企业的创新成本很高，自然就不会产生创新，而如果这个组织很敏捷，它的创新活力就很强。未来，非数字化的公司很难与进行过数字化升级的公司竞争。比如疫情期间复工复产，数字化的政府不需要找人一家一家去统计复工复产的企业数量，政府相关负责人一看工业用电量就知道，跟去年比较，恢复到80%了。那么接下来他一定会问为什么是80%，还有20%是哪些企业。政府也很清楚剩下的20%是哪些行业，这样就能推进决策。

所以决策者对社会的基本运营状况掌握得非常真实具体，于是他的决策肯定更有灵活性和针对性。企业也是这样，有很多大型企业对于从生产到库存，再到卖出去多少，包括卖给谁，以前只能知道一个大概。我们前几天跟一家可乐公司的客户聊，他怎么知道自己的可乐卖给谁了呢？客户说不需要知道，只需要知道购买可乐的年轻人的比例大概是多少，能知道这个，就非常有针对性了。

吴晓波：这在以前是通过抽样调查来完成的。

张建锋：对，传统的方法有很强的延时性。而企业全部数字化后，能实时地看到经营状况，所以假设一家企业不做数字化转型，它怎么会有竞争力呢？一些企业还有一个认识误区，就是希望别人告诉它应该怎么转型。企业应该是最清楚知道自己该往哪里走的，阿里云只是和你一起努力，让你走得更快，你绝对不能指望第三方告诉你怎么转型。

吴晓波：实际上这是一个共建的过程，我们现在看到的案例基本上都是共建。

张建锋：对，我认为，中国的数字化程度，再过 5 年肯定会完全不一样，可能会在一个更高的起点上做创新，而现在还是点状创新。我觉得接下来可能会沉淀更大的系统性平台，ERP、CRM、协同办公，包括整个计算机本身的体系结构，可能都会发生很大的变化。

吴晓波：我们这次调研，除了企业，还去了很多公共事务管理部门，像城市大脑、智慧交通等。你认为，我们在公共服务领域的数字化处于什么水平？

张建锋：我认为是很领先的。基础设施大家都没有瓶颈。比如成都 TOCC——成都的一个交通管理系统。怎么管理好一个城市？我比较喜欢一个新的名字，是上海提出的，叫"城市运营中心"。"城市大脑"是技术层面的，"城市运营中心"是指把城市作为一个实体来运营。比如，市民发现路边有垃圾，就上报到城运中心，城运中心会进行分配，解决这个问题。

吴晓波：通过什么来分配呢？它有平台，是吧？

张建锋：它有平台，有很多系统，都已经移动化，很便捷。市民用文字描述、拍照或者语音都可以，形式多样。污水处理、环保问题，都可以这样处理。政府能第一时间知道情况，但不一定要自己处理，它可以把这个任务安排给某家企业去处理。所以，以后的社会能实现共享共治。成都 TOCC 是一个交通协同管理中心，它把公交车、地铁、共享单车、出租车的所有数据都实时化，能知道一个区域里目前有多少出租车、多少网约车等，甚至可以预测有多少打车需求。最重要的是，它把这个数据开放给了社会,出租车司机也可以看到。

吴晓波：出租车司机就能知道哪里车比较多,就不去了。

张建锋：对,原来是单向的。以前火车站缺车,出租车司机开到火车站去,到了之后又不缺车了。现在,出租车司机能看到这个数据了。据说成都的出租车司机用了这套系统之后,一天平均大概多了 40 元的收入。成都 TOCC 通过政府把平台本身、把数据回馈给社会,我觉得做得非常好。交通部门就能利用平台来分析了,比如公共出行量占比多少是合适的。一个区域如果一天下来公共出行量只占 30%,出行需求大部分是网约车或者社会力量来满足的,那就需要思考这个区域的公交系统能不能提升。所以我觉得,这样的平台能让城市变成一个系统来运营。

吴晓波：阿里云在成都 TOCC 这套系统里充当什么角色呢?

张建锋：我们支持搭建了整个平台,也提供智能化分析。第一,它不仅仅是优化了红绿灯那么简单,它把这些信息提前告知,例如通过高德的平台共享数据,司机就能选择一个更优化的路径。第二,对成都绕城高速也进行了优化。成都绕城高速承担了非常大的交通流量,但它只有三车道。现在绕城高速基本已经摄像头全覆盖,对任何行为,系统都能够自动地分析,不只是事故、拥堵,还有比如超车、违章停车等。这个平台非常智能化,最重要的是,它知道发现这些行为后要怎么行动。

吴晓波：改变行为。

张建锋：对。成都有路巡车,发生任何一件事情,平台会第一时间告知最近的路巡车,然后路巡车就会来做处理,效率就大大提高了。相关人员分析了一下,发现这几年虽然车辆数量持续上升,但是交通状况反倒改善了。他们自己总结,这相当于多修了一条路,让原来的三车道变成四车道了,这是通过技术来完成的。

吴晓波：原来是靠道路水平,现在是靠技术来解决。

张建锋：原来如果一辆出租车在晚上开到沟里去了，司机自己不报警的话，不能被发现，对吧？而且如果是外地出租车，司机也可能说不清楚事故地点，但现在都是主动发现，主动处理。

吴晓波：这个平台可以主动发现这件事情，可以主动触达。

张建锋：对，主动触达。触达就是社会化了。路面坏了，通知路政；发生交通事故了，通知交警。这也是一个子系统。

吴晓波：效益明显可以看得到。

张建锋：浙江做的是一网通办，这个也做得非常好，现在有2600多个事项可以实现"一网通办"了，老百姓的使用体验也非常好。所以，在政府的运营体系里面，很多事情都在变化，办事情都不用去现场。我认为发生了很多变化，当然也不一定是技术变化，通过技术，也在优化政府的处理流程。有一个很重要的指标是少填资料，主动进行智能识别，只需要从系统里调用一下就可以。以前，成为一个网约车司机要15天，需要提交好多资料才能审批通过；现在只要几天时间，你就成为网约车司机了。原来你退休了，要跑好多部门，花两三个月才能完全办理好手续；现在大家说办退休要谨慎，因为一小时就全部办结了。里面有很多变化。

2020年"双11"前夜

于杭州阿里云总部

项目人员

总 策 划 吴晓波
总 顾 问 刘湘雯
总 统 筹 钟书萍
项目统筹 凌　丹　季骏珺　任雅洁
项目支持 郑媛眉　童贻菊

扫码观看《云上的中国》纪录片
多维了解云 2.0 时代的数字商业、生产和城市故事